"十三五"国家重点出版物出版规划项目

|国|防|与|军|队|建|设|卷|

国防科技创新和武器装备发展

WEAPONS AND EQUIPMENT DEVELOPMENT AND NATIONAL DEFENSE TECHNOLOGY INNOVATION

周碧松 著

中国财经出版传媒集团
经济科学出版社
Economic Science Press

图书在版编目（CIP）数据

国防科技创新和武器装备发展/周碧松著.—北京：经济科学出版社，2017.9（2019.4 重印）

（中国道路·国防与军队建设卷）

ISBN 978-7-5141-8458-7

Ⅰ.①国… Ⅱ.①周… Ⅲ.①国防科学技术－技术革新－中国②武器装备－发展－研究－中国 Ⅳ.①E25②E24

中国版本图书馆 CIP 数据核字（2017）第 233051 号

责任编辑：白留杰
责任校对：徐领柱
责任印制：李 鹏

国防科技创新和武器装备发展

周碧松 著

经济科学出版社出版、发行 新华书店经销

社址：北京市海淀区阜成路甲 28 号 邮编：100142

总编部电话：010-88191217 发行部电话：010-88191522

网址：www.esp.com.cn

电子邮件：esp@esp.com.cn

天猫网店：经济科学出版社旗舰店

网址：http://jjkxcbs.tmall.com

北京季蜂印刷有限公司印装

710×1000 16 开 14.5 印张 190000 字

2017 年 9 月第 1 版 2019 年 4 月第 4 次印刷

ISBN 978-7-5141-8458-7 定价：45.00 元

(图书出现印装问题，本社负责调换。电话：010-88191510)

(版权所有 侵权必究 举报电话：010-88191586

电子邮箱：dbts@esp.com.cn）

《中国道路》丛书编委会

顾　　　问：魏礼群　马建堂　许宏才

总　主　编：顾海良

编委会成员：（按姓氏笔画为序）
　　　　　　马建堂　王天义　吕　政　向春玲
　　　　　　陈江生　季　明　季正聚　竺彩华
　　　　　　周法兴　赵建军　姜　辉　顾海良
　　　　　　高　飞　黄泰岩　魏礼群　魏海生

国防与军队建设卷

主　　　编：季　明

《中国道路》丛书审读委员会

主 任：吕　萍

委　员：（按姓氏笔画为序）
　　　　刘明晖　李洪波　陈迈利　柳　敏

总　　序

　　中国道路就是中国特色社会主义道路。习近平总书记指出，中国特色社会主义这条道路来之不易，它是在改革开放三十多年的伟大实践中走出来的，是在中华人民共和国成立六十多年的持续探索中走出来的，是在对近代以来一百七十多年中华民族发展历程的深刻总结中走出来的，是在对中华民族五千多年悠久文明的传承中走出来的，具有深厚的历史渊源和广泛的现实基础。

　　道路决定命运。中国道路是发展中国、富强中国之路，是一条实现中华民族伟大复兴中国梦的人间正道、康庄大道。要增强中国道路自信、理论自信、制度自信、文化自信，确保中国特色社会主义道路沿着正确方向胜利前进。《中国道路》丛书，就是以此为主旨，对中国道路的实践、成就和经验，以及历史、现实与未来，分卷分册作出全景式展示。

　　丛书按主题分作十卷百册。十卷的主题分别为：经济建设、政治建设、文化建设、社会建设、生态文明建设、国防与军队建设、外交与国际战略、党的领导和建设、马克思主义中国化、世界对中国道路评价。每卷按分卷主题的具体内容分为若干册，各册对实践探索、改革历程、发展成效、经验总结、理论创新等方面问题作出阐释。在阐释中，以改革开放近四十年伟大实践为主要内容，结合新中国成立六十多年的持续探索，对中华民族近代以来发展历程以及悠久文明传承进行总结，既有强烈的时代感，又有深刻的历史感召力和面向未来的震撼力。

丛书整体策划，分卷作业。在写作风格上注重历史与现实、理论与实践、国内与国际结合，注重对中国道路的实践与经验、过程与理论作出求实、求真、求新的阐释，注重对中国道路作出富有特色的、令人信服的国际表达，注重对中国道路为发展中国家走向现代化和为解决人类问题所贡献的"中国智慧"和"中国方案"的阐释。

在新中国成立特别是改革开放以来我国发展取得重大成就的基础上，近代以来久经磨难的中华民族实现了从站起来、富起来到强起来的历史性飞跃，中国特色社会主义焕发出强大生机活力并进入了新的发展阶段，中国特色社会主义道路不断拓展并处在新的历史起点。在这新的发展阶段和新的历史起点上，中国财经出版传媒集团经济科学出版社精心策划、组织编写《中国道路》丛书有着更为显著的、重要的理论意义和现实意义。

《中国道路》丛书2015年策划启动，首批于2017年推出，其余各册将于2018年、2019年陆续推出。丛书列入"十三五"国家重点出版物出版规划项目、国家主题出版重点出版物和"90种迎接党的十九大精品出版选题"。

《中国道路》丛书编委会
2017 年 9 月

目 录

上 篇

第一章 曲折的发展历程 …………………………………… 3

一、引进仿制 / 3

二、自主发展 / 8

三、整顿提高 / 13

四、加速发展 / 21

第二章 骄人的四次飞跃 …………………………………… 29

一、第一次飞跃：从杂式到制式化 / 29

二、第二次飞跃：从摩托化到机械化 / 33

三、第三次飞跃：从机械化到电子化、信息化、
通用化、自动化 / 36

四、第四次飞跃：从系统到体系 / 41

第三章 辉煌的建设成就 …………………………………… 45

一、精干有效的战略核武器 / 45

二、走向深蓝的海军武器装备 / 54
三、攻防兼备的空军武器装备 / 64
四、立体攻防的陆军武器装备 / 75
五、渐成体系的精确打击武器 / 97

下 篇

第四章 强劲的创新能力 ……………………… 107

一、将自主创新作为国防科技和武器装备发展的
　　指导方针 / 108

二、以自主创新促进国防科技和武器装备可持续
　　发展 / 122

三、通过自主创新集中力量突破关键技术 / 142

四、自主创新与学习引进国外先进技术有机结合 / 154

第五章 稳固的发展基础 ……………………… 165

一、社会经济基础 / 165

二、科学技术基础 / 174

三、国防工业基础 / 184

第六章 科学的管理体制 ……………………… 192

一、加强对国防科技工业的集中统一领导 / 192

二、建立和完善国防科技工业管理体制 / 200

三、调整完善军队武器装备建设管理体制 / 206

四、形成完整顺畅的领导管理体系 / 210

参考文献 / 221

上篇

第一章

曲折的发展历程

近现代以来，中国人的自豪感与自卑感大都是与军队在对外战争中的表现和武器装备强弱联系在一起的。从鸦片战争失败直至抗日战争时沦陷大半国土，对外战争一再失败与自身武器装备低劣，导致社会上长期充斥着崇洋媚外的心理。新中国成立后抗美援朝一战，能与世界最强手打成平局，才逐渐恢复了中国人百年来丧失的民族自尊心和自信心。不过头脑清醒者会看到，中国人民志愿军那时用的大多是苏联的武器装备。正因为如此，新中国成立以后，特别是抗美援朝战争结束之后，我国始终把发展国防科技和武器装备放在十分重要的位置，在十分困难的情况下，集中大量的人力、物力和财力，加快国防科技和武器装备的发展步伐。经过60多年的艰苦努力，我国科技和武器装备从小到大、从弱到强，取得了突出的成就。其曲折的发展历程大致可分为四个不同的发展阶段。

一、引进仿制

从新中国成立的 1949～1959 年，是我国国防科技和武器装备发展的初始阶段。在这一发展阶段，我国国防科技和武器装备的发展，是以引进苏联的军事技术和仿制苏联的武器装备为主。

我们知道，在人类历史上，勤劳勇敢的中华民族曾经创造了古老而灿烂的中华文明，也曾领先人类发展数千年之久，为世界文明作出了不可磨灭的巨大贡献。然而，进入近现代以后，正当西方国家加速从冷兵器向热兵器转变的关键时期，作为火药的发明者和热兵器创始者的中华民族却停止了前进的脚步。腐朽落后的清朝统治者仍然固守"闭关锁国"的封建政治和"骑马打天下"的祖宗旧制，拒绝变革。1793 年，当英国使臣马夏尔尼率领庞大使团来到中国，向乾隆皇帝和清朝大臣展示了英国工业革命的重要成果——大炮、火枪和载有 110 门大炮的战舰模型之后，清朝政府竟然置若罔闻，甚至把这些先进兵器与其他"贡品"一起摆放到圆明园中，作为皇室成员的观赏品。随后，马夏尔尼又邀请清军将领福康安检阅英国使团卫队新式武器装备操练，福康安竟然拒绝说："看亦可，不看亦可。这火器操作，谅来没有什么稀奇。"守旧带来落后，落后就要挨打。47 年后，第一次鸦片战争爆发，几千英军跨洋过海，打得百万清军割地赔款。当然，这场悲剧的发生，存在政治腐败、经济落后等众多因素，但从军事上讲，实质上是错过了因技术革命所带来的军事技术和武器装备革命的历史机遇，丧失了通过军事革命而实现民族自强的特定条件。从而使中华民族在西方列强的坚船利炮之下，国土沦丧，民族危亡，国力衰弱，眼睁睁地看着自己被甩到世界军事发展的大潮之外。从 1840～1919 年的 80 年间，列强强迫中国签订了 900 多个丧权辱国的不平等条约。从此，苦难的中国屡屡遭受帝国主义列强的侵略和蹂躏，曾经繁盛的泱泱大国变为任由列强宰割的羔羊，人民颠沛流离，民族危机日益深重，逐步沦为半殖民地半封建社会的深渊。

在中国共产党的领导下，经过数十年艰苦卓绝的斗争，终于在 1949 年建立了人民当家做主的中华人民共和国，实现了民族独立和人民解放，中华民族重新挺起了脊梁，赢得了自由和尊严，不仅开始了中华民族政治复兴、经济复兴、文化复兴的伟大征程，也开始了科技复兴、军事复兴的伟大征程。

正因为充分吸取了"落后就要挨打"的历史教训，以毛泽东为代表的老一辈无产阶级革命家在寻求民族解放、国家独立、民族富强的奋斗过程中，始终高度重视国防和军队建设，特别是作为国防和军队建设重要物质技术基础的国防科技和武器装备建设。新中国成立伊始，毛泽东就高瞻远瞩地提出："中国必须建立强大的国防军，必须建立强大的经济力量，这是两件大事。""为了保卫祖国免受帝国主义的侵略，依靠我们过去和较为落后的与国内敌人作战的装备和战术是不够的了，我们必须掌握最新的装备和随之而来的最新的战术……以便迅速把我军提高到足以在现代化战争中取胜的水平。"[①] 伴随着中华人民共和国的成立，新中国的国防科技和武器装备建设开启了新的征程。

然而，几乎是在战争废墟中起步的新中国国防科技和武器装备建设，面临的形势可以用五个"十分"来概括：

一是环境十分恶劣。1949～1959年，正处在新中国刚刚建立社会经济建设刚刚起步的特殊时期。在这一时期，内有国民党残余势力的干扰和破坏，外有朝鲜战争的爆发，使得新中国所处的内外环境十分恶劣。

二是水平十分有限。当时我军的武器装备主要是抗日战争和解放战争中缴获的，水平十分有限。主要体现在：首先，装备品种杂。如枪炮就有100多个品种，80多种口径，产自几十个国家，被称为"万国牌"。其次，重型武器少。当时解放军500余万人，只有坦克400多辆，飞机100多架，小型舰艇100多艘（主要是快艇和炮艇）。再次，装备质量差。许多装备多数是第二次世界大战前或期间生产的，性能很低，大多数已不能使用。新中国成立时，当时的英美等发达国家军队已进入了机械化时代，如1950年美国军队已是人均20马力（平均3个人一辆机动

---

① 《毛泽东军事思想发展史》，解放军出版社1991年版，第470页。

车），苏军人均5马力（平均10人一辆机动车），中国军队却是人均0.2马力，550万解放军只有1万辆战争时期缴获来的汽车（平均500人一辆机动车）。

　　三是基础十分薄弱。新中国的国防科技和武器装备发展基础十分薄弱。近代中国面对世界时，已处于极度衰弱的状态，其首要原因是社会生产水平仍停滞于落后的农耕方式而错过了工业化大潮，军事上也错过了热兵器、机械化这两个历史发展机遇。北洋军阀和国民党统治时忙于内战，国家始终处于分裂混乱之中，当权者重点经营的军工产业也不过是外国的附庸，国内连一辆汽车、一架飞机都不能制造。1949年新中国成立时，人口第一大国——中国的工业产值竟列在世界第26位。当时国民党留下的72个军工厂，25万余职工。解放区已有的军工厂虽然多达94个，但规模很小，只有9万余职工。新中国成立后，将这些军工厂进行了调整合并，最后形成了由76个军工厂、10余万职工构成的十分薄弱的国防工业基础。

　　四是能力十分低下。当时军工厂的实际生产能力十分低下，只能进行旧式杂式武器装备的修配和小批量生产，造不出后装炮，根本不具备国防建设所需要的飞机、舰艇、坦克、大口径火炮、军用电子设备等现代武器装备的生产条件和能力。以当时的几个主要兵工厂如沈阳兵工厂、太原兵工厂、重庆兵工厂等为例，都只能生产少量机枪、步枪等轻武器，连迫击炮都造不好，更无法生产机械化装备，弹药年生产能力也仅能达到1万吨。相比之下，第二次世界大战期间，美、苏、德等国的年弹药生产量都在200万吨以上。

　　五是需求十分紧迫。新中国成立不久，就爆发了朝鲜战争，为了保家卫国，中国人民志愿军开赴朝鲜，在朝鲜战场上与当时世界上最强大军事对手进行较量。国防和军队建设机械化、现代化的需要，特别是紧迫的战争需求，对薄弱的国防科技和武器装备建设提出了十分紧迫的需求。

第一章 曲折的发展历程

世界军事发展史证明,没有国家工业化,就不可能有真正的军队机械化和现代化。新中国成立后,毛泽东便提出:中国必须建立强大的国防军,必须建立强大的经济力量,这是两件大事。鉴于当时国内工业基础过于薄弱,而朝鲜战争的需求又十分紧迫,中国国防事业采取了"两条腿走路"的方针,一方面应急购买苏联先进装备,一方面建立独立的国防工业体系。20世纪50年代,中国重工业建设起步时,我国军工部门及时补上了机械化这一课。主要做了以下几件事。

一是引进苏制武器装备。抗美援朝战争期间,新中国出于作战急需,主要以半价赊购方式(只有少量属苏联无偿赠送)引进了苏联106个陆军师、23个空军师的装备,欠下了30亿元人民币的外债(当时折合13亿美元)。通过引进大量的苏式武器装备,我们建立了海军和空军,实现了武器装备的制式化,提高了武器装备的整体水平(达到了发达国家第二次世界大战后期水平),进行了抗美援朝战争。

二是组建国防科技工业。1951~1954年,中国与苏联达成了"156项"重点工业项目的引进,其中军工企业便占了44项。苏方以成本价提供陆、海、空三军配套的飞机、舰艇、大炮、坦克等武器装备的生产线,并免费提供相应技术。中国能获得这一世界军事历史上罕见的重大援助,主要因素并不是当时所宣传的"国际主义"而是国家间的利益交换,是因中方在朝鲜战争中站到第一线流血牺牲,苏联才给予了相应的回报。真正了解中苏交往史的人都知道,在苏联领导人中,苏共第一书记赫鲁晓夫对华提供的援助最多,水平也最高。1953年,他担任苏共第一书记时,内外地位不稳,急需刚赢得抗美援朝战争胜利而在国际上有很高威望的新中国支持,对华援助特别是军援有了质的提升。斯大林援华时提供的大多是第二次世界大战时用过的旧品,赫鲁晓夫上台后提供的则是现役的各种常规武器的生产技术。在苏联的援建和支持下,先后建立了100多个军工企业,20多个科研机构，形成70余万的国防科技和武器装备研制队伍，奠定了国防科技和武器装备发展的基础。

三是进行许可证生产。新中国刚建立起的军工企业，在苏联专家帮助指导下，利用许可证仿制苏式武器装备。用苏联提供的技术和设备仿制生产出了56式枪械、歼-5战斗机、带"5"字头的各种火炮、59式坦克等主要装备，这些都达到或接近了当时的世界先进水平。到1959年，共仿制生产了包括歼-5、歼-6、59式坦克在内的100多种制式武器装备，使我军武器装备的制式化水平大幅提高。

在我国国防科技和武器装备的这一发展阶段，主要通过引进苏联的技术和装备，仿制苏式的武器装备，奠定了国防科技工业和武器装备发展的基础。这一基础的建立，对最终建立独立自主的国防科研生产体系和武器装备发展体系，起到了关键性的作用。

二、自主发展

1959~1979年，我国国防科技和武器装备发展进入了依靠自身的力量，自力更生、艰苦奋斗的自主发展阶段。

20世纪60年代初，苏联援助断绝，中国的武器发展进入了一个将近20年的完全自主研制阶段。此间中国同苏联逐渐进入敌对状态，与美国为首西方国家的关系虽由对抗走向缓和，却基本未得到军事技术帮助，国内的科研人员和军工企业在近乎封闭状态下靠着自力更生研制武器装备。在这一阶段，在国防科技和武器装备建设方面，尽管进展比较缓慢，但还是取得了突出的成就、特别是抓住了重要的历史机遇，在发展核武器方面实现了跨越式发展。主要做了以下几件事。

一是发展"尖端"武器装备。依靠自己的力量，发展以

第一章　曲折的发展历程

"两弹一星"为主的尖端武器装备,组建了第二炮兵,形成了自己的战略威慑能力,极大地提高了国际地位和军事实力。

在这一阶段,我国的尖端武器之所以能在十分薄弱的基础上实现跨越式发展,取得举世瞩目的巨大成就,其主要原因有两点:

首先是起点高。从起步便瞄准世界先进水平。我们知道,新中国的尖端武器装备发展的立项很早,原子弹、导弹1956年就立项,人造地球卫星和核潜艇1958年就立项。之所以会这样,当然离不开当初苏联老大哥的鼎力支持。20世纪50年代,美、苏、法等世界强国已经相继迈入核武器拥有国的行列,毛泽东敏锐地认识到核武器装备所具有的巨大战略作用。因此,中央通过各种渠道向苏联提出支持中国发展核武器的要求。在赫鲁晓夫1954年首次访华时,又提出能否在这方面提供帮助,却受到婉拒。中共中央仍于1955年决定,开始核弹、导弹的预研,并于1956年正式立项。当年,东欧发生了反对苏联控制的波兰、匈牙利事件,1957年夏天,苏共莫洛托夫等元老又试图推翻赫鲁晓夫。在此形势下,为了取得中国的支持,稳固其在国内、国际的政治地位,赫鲁晓夫才不顾军方坚决反对,于1957年7月同意向中国提供原子弹、导弹样品,帮助建立核工厂,其交换条件则是毛泽东访苏并对他表示支持。1957年10月,中苏签订《国防新技术协定》,规定苏联再援建中国102项重点项目。毛泽东随后访苏,在61国共产党、工人党会议上拥护苏联在社会主义阵营的"为首"地位。不过,苏联当时对华的"两弹"(导弹、核弹)项目援助,主要是帮助中国建设了最早的原子反应堆、浓缩铀工厂、核燃料棒工厂、铀矿和核试验基地,并提供了 P-2 型导弹样品。

20世纪50年代后期,中苏之间发生政治争吵,苏联于1960年7月中断了包括"两弹"方面的一切援助并撤走专家。由于在此前我国已经得到了一些必要核武器制造设备和许多技术援助,包括大量的图纸。因此,这些技术基础极大地提高了我国核武发展的起点，还节省了大量研制时间。因为苏联撤退专家后留下的核工厂"半拉子工程"和导弹工程，毕竟比自己白手起家要好得多。1960年11月，我国的弹道导弹研制成功，仅用了4年时间。1964年10月，我国第一颗原子弹爆炸成功，仅用了8年。1970年4月，我国第一颗人造地球卫星上天，仅用了12年。中国能以世界上最快的速度完成"两弹一星"，主要是自力更生的结果，苏联早期的帮助也有着重要作用。

其次是有所为有所不为，集中力量在重点领域取得突破。我国在接受苏联援助的设备、技术时，一开始就掌握着"两弹一星"自主知识产权。在"文化大革命"的动乱中，从事"两弹一星"研制的知识分子和技术人员还大都得到保护，使这一项目还能在恶劣的环境中继续发展。中国在尖端武器方面取得的这些成就，为国家提供了重要的战略威慑能力，成为在世界上奠定大国地位的重要支柱之一。1970年，"两弹一星"项目最后完成，1971年，联合国便通过恢复新中国的合法席位并驱逐台湾的"中华民国"代表的决议，其中的因果关系是不言自明的。

二是研制和仿制常规武器装备。在以往许可证生产的基础上，自主研制和仿制了包括79式坦克、63式装甲车、歼7、歼8战斗机、运7、运8运输机、025快艇、051驱逐舰、053护卫舰、035常规潜艇在内的大量常规武器，满足了对印、对苏、对越自卫反击作战的需要。

实际上，尽管1960年苏联撤走了全部专家，撕毁了全部合作协议，但出于特定的政治需要，1961年中苏关系有所缓和，赫鲁晓夫不仅主动提出中国可延迟还债，而且提供了米格-21战斗机等新装备及其生产技术资料。不过，中苏关系这一度好转为时不久，便因1961年11月苏共召开二十二大时，中共反对批判斯大林并支持阿尔巴尼亚而再度闹翻。1962年11月，苏联以古巴导弹危机时中国对其不予支持反而影射抨击为由，在米格-21的技术资料还未最后交齐时停止这一援助项目，对华的军事帮助至此彻底停止。不过中国军工业通过全面接受、掌握和利用苏联20世纪50年代水平的武器装备技术，不仅自主研制和仿制了大量常规武器装备，基本满足了国防和军队建设需要，满足军事斗争的需求，而且逐步建立和完善了独立自主的国防工业体系。可以说，在我国国防科技工业体系的建设过程中，苏联的支持和援助，还是起到了重大作用。当年主管经济工作的中共中央副主席陈云在1984年会见苏联老朋友时曾表示，对苏联给予的这些援助，中国人民都没有忘记，也永远不会忘记。

三是开展了"三线"建设。进入20世纪60年代以后，为了准备打仗，应对战备需要，我国调整了国防科技工业的整体布局，开展了声势浩大的"三线"建设。从1964年起，我国半数左右的基本建设费投入了"三线"建设，在西部原来的偏远地区形成了一个庞大的独立的军工体系，对改善我国国防工业的布局起到了一定作用。不过当时实行的是"军民两层皮"的建设模式，军工体系的建设只是单纯投入，没有经济收益，这也使国防科研经费往往难以为继。由于国防企业只生产军品而不生产民用品，军品援外还以"不当军火商"的精神免费赠送，国防企业日益成为一种沉重的包袱。这样的军工建设模式不仅影响了国家经济建设和人民生活改善，也影响了国防工业的自身发展。在1978年党的十一届三中全会召开前的十几年间，解放军的常规装备在仿苏式基础上几乎未能出现质的突破，原先与世界先进水平已经大大缩小的差距又重新拉开。

1959~1979年，我国国防科技和武器装备建设所取得的最令国人自豪、世人瞩目的成就，就是"两弹一星"（原子弹、导弹、人造地球卫星）的研制成功。中国于1960年研制成国产地对地导弹，1964年首次爆炸原子弹成功，1966年实现了原子弹和导弹的"两弹"结合发射成功，1967年空投氢弹爆炸试验成功，1970年成功发射了人造地球卫星。我国开始"两弹一星"项目时，一辆汽车、一架飞机还都不能独立制造，在此薄弱的工业基础上起步，十几年内就完成了"两弹一星"项目，创造了世界上尖端武器研制时间最短的奇迹，实现了国防科技和武器装备发展的第一次大飞跃。这一非凡成就的取得，得益于广大国防科技工作者的艰苦努力，特别是一批在国外学习回国的顶尖级专家的无私奉献。当年出于"争气"的鼓劲需要，曾宣传搞尖端武器是"勒紧裤腰带"，其实若仔细计算，中国在"两弹一星"项目上的花费总计约 100 亿元，只相当于每年国家财政支出的 2% 和年均国防费的 12%，这在世界各大国研究核弹、导弹时又是花费最少的。

在 20 世纪 60 年代和 70 年代，中国的常规武器研制进入了一个漫长的消化苏联技术的时期，虽有部分自主创新，却因原有技术基础薄弱而未能实现跨代突破，"文化大革命"的动乱又造成许多科研、生产单位处于瘫痪或半瘫痪状态。鉴于常规装备与世界水平的差距拉大，20 世纪 60 年代后期，中央军委又强调"师团行动骡马化"，出现了指导思想的倒退，军队的训练和许多日常工作也受到很大干扰。当时许多武器项目的科研指导又出现急躁冒进思想，违反科学规律而按"大会战"方式搞突击。例如，空军同时研制歼-8、歼-9、歼-11、歼-12、歼-13，十几年间却没有一种能够定型。海军虽制造出新型驱逐舰，舰体建好后却迟迟缺少相应的雷达等仪器，十余年后才能形成有效的战斗力。无数事实证明，国防现代化是一项艰巨的系统工程，应该靠提高全民全军的科学素质来解决，不能依照小农经济的单向思维以短期努力希望一蹴而就。

我国国防科技和武器装备发展在这一阶段的独立探索，经历了种种曲折，虽然步履维艰并走了不少弯路，但毕竟积累了经验，并总结了教训。通过自身的努力，形成了独立自主的国防科技工业体系，锻炼出了一支能打硬仗的国防科研队伍，为后来的大发展创造了一定的基础和条件。

三、整顿提高

1979~1999年，我国国防科技和武器装备发展进入了整顿提高阶段。在这一阶段，一方面对受到"文化大革命"严重干扰和破坏的国防科技和武器装备发展体系，按照国家总体社会经济发展战略进行调整；另一方面根据世界科学技术，特别是军事技术的发展趋势，努力提高国防科技和武器装备发展的整体水平。

1978年末召开的中共中央十一届三中全会，开始了改革开放的进程，我国的国防科技和武器装备发展也迎来了一个全新局面。通过拨乱反正，全军部队和国防科研部门确立了以现代化为中心的正确发展方向，清算了"左"的错误，我国的军队和国防科研、军工部门通过面向世界，走出国门，开阔了眼界，也迎来了技术上的全面创新发展，进入了在调整整顿的基础上，全面提高的新阶段。在20世纪80年代以后的相当长一段时间内，由于国家战略转移到以经济建设为中心的轨道上，军队长期实行了"忍耐"方针，国防费用一再压缩，我国国防科技和武器装备发展采取的是"多研制、少生产"的方针，虽然在相当长时间内军队武器装备没有太大改善，而且由于军品订货的减少，导致几乎所有的军工企业亏损甚至严重亏损，许多武器装备发展项目因为经费不足而陷于停滞，严重影响了国防科技和武器装备的整体进程，与世界先进水平之间的差距进一步拉大，但是，经过全体国防科技工作者的共同努力，我国的军事科技水平还是有了不小的提升，取得了一系列重大的成就。主要体现在：

一是实施"三抓"专项工程。在"两弹一星"的基础上，实施了"三抓"（潜射导弹、洲际导弹和通信卫星）工程，继续集中力量发展"巨浪–1"潜射弹道导弹、东–5洲际战略弹道导弹、通信卫星等战略武器，不断提高我国的战略威慑能力。

在调整改革阶段，尽管军队在"忍耐"的情况下，只有采取"一保生活、二保战备、三保装备"经费使用次序，国防科技和武器装备的发展经费大幅减少，但对战略武器的研制和发展却没有因此停步，而是投入有限的经费，在"两弹一星"的基础上，发展潜射导弹、洲际导弹和通信卫星，进一步提高我国战略威慑能力。在广大国防科技工作者的艰苦努力下，"三抓工程"取得了成功。1981年，中国用一枚运载火箭成功发射三颗卫星，这一技术运用到军事领域便可使一枚导弹分导出多弹头。1982年，常规潜艇水下发射弹道导弹成功。1988年，核潜艇在水下发射弹道导弹成功，都标志着战略武器水平又有了跨越性发展。1984年4月，长征三号火箭成功发射我国第一颗试验通信卫星"东方红二号"，使我国对宇宙空间的开发和利用进入了一个全新的阶段。

二是大力研发常规武器装备。从"八五"开始，通过实施"四大专项"（99式坦克、052导弹驱逐舰、歼–10飞机和东–31固体弹道导弹）和"4号工程"（陆军电子通信系统），提高了常规武器装备的整体水平。

随着军事战略方针的转移，我国的国防科技和武器装备建设也从临战状态转移到和平发展上来，建设的重点也从战略武器装备转移到常规武器装备上来，使常规武器装备有了较大的发展。在1984年国庆35周年的天安门广场阅兵式上，中国自行研制的"东风"系列洲际导弹、中程导弹和69–Ⅲ型主战坦克、自行榴弹炮、装甲输送车及歼–8歼击机都参加了检阅。这些武器的技术水准虽与世界先进水平相比至少有着20年差距，却显示了我国常规兵器研制突破了长期相对停滞的局面而有了新的跨越。

与此同时，利用有限的经费，我国加大了打赢高技术战争急需的高技术常规武器装备的研制开发力度。重点实施了"四大专项"，下力气研制陆军三代坦克（99式坦克），海军新一代导弹驱逐舰（052导弹驱逐舰），空军三代飞机（歼–10飞机），以及二炮的洲际导弹（东风-31固体弹道导弹）。实施了"4号工程"，发展陆军电子通信系统。这些高技术战争急需的高技术武器装备的研制成功，极大地提高了我军武器装备的整体水平。

三是实施"863军事高技术计划"。在国家"863高科技发展计划"（以下简称"863计划"）中确立了"防空防天"和"先进防御"两大重点攻关领域，使我军在载人航天、空间防御、防空反导以及临近空间等技术领域与国外差距相对缩小。

改革开放不仅给长期封闭的中国带来了经济的春天，也迎来了科学的春天。邓小平"科学技术是第一生产力"的科学论断，吹响了中国向科学进军的号角。为了跟上世界科技革命的浪潮，加快高技术发展的步伐，1986年3月，根据几名科学院院士的提议，国家实施了著名的"863计划"，开启了中国向高科技进军的新征程。在"863计划"所列的十多个重点攻关领域中，确立了"防空防天"和"先进防御"两大军口重点攻关领域。虽然所列的领域很少，投入的经费也不多，但随着"863计划"的实施与突破，特别是"防空防天"和"先进防御"两大军口重点攻关领域的技术突破，使我军在载人航天、空间防御、防空反导以及临近空间等技术领域与国外差距相对缩小。可以说，没有"863计划"，就没有我国载人航天技术的飞速发展；没有"863计划"，就不可能建立起完整的防空反导体系；没有"863计划"，就难以实现空间防御技术与装备的跃升；没有"863计划"，更不会有当代我国临近空间技术的发展。由于国家"863高科技发展计划"的实行，在提高整个国家高科技水平的同时，也为向军品研制转化创造了重要的前提条件，国内电子、信息工业的发展，使国防科研和军工生产迈上一个新的台阶，为我军国防科技和武器装备从20世纪90年代中后期起，完成机械化信息化双重历史任务，加速从机械化向信息化转型，奠定了重要的技术基础。海湾战争、科索沃战争的实践证明，以信息技术为核心的高技术已经彻底改变了战争的样式，机械化时代的"钢铁拼搏",已经被信息时代的"硅片较量"所取代。从20世纪90年代中后期开始,以"863计划"开发技术为基础,我国国防科技和武器装备开始了完成机械化信息化双重历史任务的征程。

四是及时引进先进装备和技术。利用改革开放和苏联解体的机会,积极引进了包括苏-27、C-300、"基洛"级潜艇和"现代"级导弹驱逐舰在内的一大批先进装备和国外先进的军事技术,拿到了军事斗争急需的"杀手锏",增补了空白,提高了发展起点。

改革开放使原来相对封闭的国防工业也走向了世界。改革开放之初,我国的一些军工部门领导人走出国门,与西欧等发达国家的军工科研机构开展了交流。与西方发达国家先进军事技术之间的较大差距,使这些军工部门的负责人痛感自身的落后,增强了通过学习引进国外先进装备和军事技术进行追赶的紧迫性。当时我国的有关部门曾设想过成批购买西欧的先进装备为部队实行大面积换装,如陆军一度准备购买联邦德国的"豹-2"坦克和反坦克炮,海军曾洽购英国的42型驱逐舰并想引进技术改造自己的051驱逐舰,空军则商议购买英国的"鹞"式和法国的"幻影"战斗机。不过西方国家讲求实利的军工企业家只热衷推销武器成品,不肯转让核心技术,要价之高更是令人咋舌。当时有人计算,如果购买西欧的装备为解放军全面换装需要数百亿美元,若使国内的军工体系再由仿苏式更换为欧美系列花费更需要数千亿美元。这在当时显然是不可能的。1981年,中国的外汇储备不过27亿美元,还要优先满足经济建设,自然不可能再走20世纪50年代那种全面引进之路。何况美国和西欧国家在骨子里仍把中国这个"共产党国家"视为异类,关键性技术控制很严,中国买来武器装备后在零配件和技术保障上又要受制于人("黑鹰"直升机的引进就是典型的案例),到头来在政治上也会被"卡脖子"。曾是中国国防工业奠基人的聂荣臻元帅,针对这一情况就曾特别指出,像中国这样一个大国,不可能买来一个国防现代化。

通过分析国际国内的具体情况,党和国家领导人认为,要提高我国国防科技和武器装备的整体水平,出路还是在于自主创新,与此同时,通过对外交流,学习引进国外的先进技术和武器装备。

1979~1999年,由于立足于自主创新,并积极学习引进国外先进技术,在当时整体军费特别是武器装备研制经费大幅压缩的情况下,我国国防科技和武器装备发展取得了重大进步。国内军工企业对国外先进武器只少量购买样品,再努力吃透其技术,并以引进的技术改造旧装备。例如,军工业引进国外航电技术改造了歼-7战斗机,用引进的火控技术改造了59式坦克,都使其战斗力有了跨代升级。

在大力引进国外先进军工技术的同时,中国军工企业也打开了国外军售市场。中共中央十一届三中全会前后,邓小平便提出,不当军火商不行了。在1979年,中国以向埃及出售歼-6战机为开端,将武器也作为外销商品推向国际军贸市场,在20世纪80年代还取得了不小的销售量。例如,当时通过引进西方航电设备对歼-7进行改造,向十几个国家出口上千架。此时出口创汇获得的收益不仅解决了军工企业的经费来源困难,又为下一步的武器研制提供了重要资金,从而形成了良性循环。

1989年夏天以后,西方国家联合对中国实行军品禁售,而中苏关系却实现了正常化。苏联衰落和俄罗斯联邦初建时,其军工企业急需经费以解决生存困境,中国因此再度从隔绝了30年的旧日合作伙伴那里引进了具有国际80年代水平的战机、地对空导弹、潜艇。包括苏-27、C-300、"基洛"级潜艇和"现代"级导弹驱逐舰在内的一大批先进装备及相应的军事技术。在20世纪90年代初的对俄军购数量并不算太大,却发挥了事半功倍的效果。既拿到了军事斗争急需的"杀手锏"武器装备,增补了新一代武器装备的空白,提高了发展技术起点,解决了国防科技和武器装备发展中的一些重点技术。与之前引进的西方武器装备和技术进行有机结合，大大提升了国防科技和武器装备的自主开发能力，从而我国在一些重点武器装备的研制开发上有了不少质的突破，一些在研武器装备由于吸收了引进的新型俄罗斯装备的优点，大大加快了研发速度，有些还产生了"青出于蓝而胜于蓝"的效果。

五是调整国防科技工业的职能。主要是根据国家战略中心向经济建设转移的实际，调整国防科技工业的职能，使之从单纯军事职能向军民双重职能的转变，实现军转民。

实际上，早在新中国的国防科技工业建立之初，党中央就十分强调国防科技工业的军民结合，毛泽东主席在《论十大关系》中对此作了充分的论述。1958年2月2日，根据毛主席关于"军民结合、平战结合"的重要指示，第一、二机部和电机制造工业部合并，组成统管全国机械工业的第一机械工业部，既负责国防工业又负责民用工业，并将兵器、电子、造船、航空四个国防工业局一并划归该部管理。然而，进入20世纪60年代之后，受中苏关系恶化、中印边境摩擦、蒋介石集团企图"反攻大陆"等因素的影响，保卫国家安全成了我国面临的首要战略任务，"早打、大打、打核战争"成为我国的军事战略方针。为了准备打仗，管理体制上，相继恢复和新建了第二至第七机械工业部作为专门管理国防工业的国务院行政机构，国防工业实行不同行业归口管理和中央与地方双重领导的管理体制，国防工业开始偏离军民结合轨道，走上军民分离、条块分割发展道路。国防工业的发展也日益脱离服务经济建设需要，走上了以大规模"三线建设"为主的临战建设轨道。自此，国防工业的"军民结合、平战结合"发展战略方针未能得到有效贯彻和执行，并使国防工业在相当长一段时期内处于单一从事军品生产和军民分割的状态，既没有有效发挥社会资源优势促进军工的发展，也未能充分发挥军工带动地方经济发展的优势。

改革开放之后，根据国家战略中心向经济建设转移的实际要求，党中央决定对国防科技工业进入战略性调整，以改变其军民分离的状况。1978年,邓小平同志在听取国防工业部门汇报时指出:国防工业要以民养军、军民结合。外国没有什么专门搞军用的。我们搬的是苏联制度,是浪费,是束缚技术发展的制度。要走这个道路,在国家统一计划下,以军为主,搞军民结合。在军品订货大量减少的情况下,国防科技工业开始了大面积的"军转民"。由于缺乏军品生产和经营管理经验,军工企业的"军转民"渐渐暴露出自发、无序、低水平和漫天撒网式民品开发带来的混乱现象和效益滑坡问题。1982年1月,邓小平在总结国内外国防工业发展经验后,提出了"军民结合,平战结合,军品优先,以民养军"的十六字方针。为了更好地服从和服务于国家经济建设大局,邓小平进一步强调:国防工业设备好,技术力量雄厚,要充分利用起来,加入到整个国家建设中去,大力发展民用生产。这样做,有百利而无一害。

为此,国家有针对性地制定政策措施,把国防工业民品开发作为国民经济的有机组成部分纳入统筹规划,纳入国家经济、技术和社会发展轨道,推动国防工业军转民"第二次创业"取得重大进展,一大批体现军民结合特色的民用核能、民用航天、民用飞机、民用船舶产业快速发展,成为军转民成果的典型。

为了贯彻落实"军民结合、以民养军"发展方针,中央相继对国防工业的管理体制进行了改革。1982年5月4日,根据人大会议决定,第二、三、四、五、七、八机部分别更名为核、航空、电子、兵器、航天工业部和中国船舶工业总公司。5月10日,组建国防科技工业委员会,隶属中央军委建制,受国务院、中央军委双重领导。1986年,撤销机械、兵器工业部,成立国家机械工业委员会,对全国机械行业实行统一规划。1988年4月9日,撤销航空部、航天工业部,成立航空航天部,加大改革力度。

20世纪90年代冷战结束后,世界呈现多极化发展趋势,高技术条件下局部战争出现端倪。新的形势下,党中央就我国国防工业的军民结合发展提出新的思路,并确立了"军民结合、寓军于民、大力协同、自主创新"发展方针,从而进一步把"寓军于民"作为中国国防工业发展的新思路。为了推动国防工业的"军民结合、寓军于民"发展,不仅进一步加大了国防工业管理的体制改革力度,而且特别强化了国防工业的市场化。

1990年1月8日,国务院、中央军委决定成立中国兵器工业总公司。1991年,决定组建中国电子工业总公司。1993年,撤销航空航天工业部,撤销国家机械委和电子工业部,成立机械电子工业部,组建航空工业总公司、航天工业总公司,民用船舶、民用飞机、民用航天等军民结合高技术产业快速发展;撤销机械电子工业部,分别组建机械工业部和机械电子工业部。军工各行业形成了各具特色的支柱民品,向民用产业转移了数万项军工技术和产品。发展了一批拥有军工背景的高科技园区和军民共建的军工产业基地,带动了中国民用基础工业的技术进步和发展。1998年3月10日,九届人大一次会议通过《关于国务院机构改革方案的决定》,组建了新的国防科工委,作为国务院的职能管理部门;同时,组建总装备部,隶属于中央军委领导。这样,就由国防科工委和总装备部按照供需分离原则对武器装备科研生产和武器装备采购进行分工领导。同时,按照政企分开要求进一步推进民用产品的研究与开发活动,参加了国家重大建设工程等经济建设活动,有力地推动了国家科技进步和经济发展。

应该说,在我国国防科技和武器装备调整提高的发展阶段,通过引进、吸收、消化、再创新,使我国国防科技和武器装备的整体水平有了新的提升。1999年,新中国成立50周年的天安门阅兵,向世人初步展示了我国军队新一代武器的整体面貌,新型坦克、装甲车和各类导弹都大批亮相。与此同时,我国军工企业也都按市场经济的要求进行了调整,军工行业组成各集团公司,以按市场经济规律的运行方式推动武器装备的研制与生产,大大促进了主战装备与世界接轨的速度。但是,我们还应该看到,由于这一阶段采取的是"以经济建设为中心",武器装备"多研制、少生产"的方针，经费投入不足。实际上，生产少，研制也少，在一定程度上造成了国防科技和武器装备发展的大起大落，没有及时跟上世界军事技术变革的步伐，与西方先进水平的差距进一步拉大。

四、加速发展

1999年至今，是我国国防科技和武器装备加速发展的阶段。在这一阶段，随着军费投入的增加，特别是"高新技术工程"的实施，我国国防科技和武器装备发展速度明显加速，实现了自"两弹一星"以后的又一次历史性的飞跃。

从20世纪后期开始，以信息技术为核心的高技术迅猛发展和广泛应用，深刻改变了人类的生产方式和生活模式，掀起了一场信息化革命，促使人类社会经济技术形态开始从工业时代向新的信息时代演进。与此同时，高技术在军事领域的广泛应用，特别是一大批高技术武器装备的出现和战场运用，深刻改变了现代作战方式和战争形态，导致了一场新的军事革命，促使人类的军事形态开始从机械化向信息化转变。到20世纪末期，这场新的世界军事革命已经初见端倪。为了迎接世界军事革命的挑战，加速国防和军队现代化建设的步伐，经过长达20年"服从"与"忍耐"的中国国防和军队建设，终于利用改革开放的经济技术成果，开启了加速发展的新模式，国防科技和武器装备发展随之也进入加速发展的新阶段。

在国防科技和武器装备加速发展的这一新的阶段，一个最大的特点是国防科技和武器装备建设的投入大幅增加。因为现代高技术武器装备不仅是国家整体科技水平的结晶，同时也是经济实力的重要体现。通过改革开放，我国的经济实力大大增强，对国防的投资逐年增长。尤其是1999年科索沃战争中，美国飞机轰炸中国驻南联盟大使馆事件的发生，不仅激怒了全国民众，也使国防部门更深刻地认识到增强国防科技实力的重要性，不断加大对国防科技和武器装备建设的投入。据2009年国庆60周年阅兵时宣布的数字，在此前10年间中国对武器装备研制方面的投入已经超过了1999年以前的50年。

在国防科技和武器装备加速发展时期，主要做了以下工作。

一是实施"高新技术工程"。从1999年5月美国轰炸我国驻南联盟大使馆之后，我国实施了"高新技术工程"，以军事斗争准备为牵引，动员各方力量，持续加大投入，大力发展军事斗争急需的高技术武器装备。

应该说在1979~1999年我国国防科技和武器装备调整提高发展阶段，在大部分时间内，我国的国际环境是相对缓和的。这种相对缓和的国际环境，不仅给我国集中力量进行经济建设，减少国防和军队建设投入创造了一定的条件。然而，1989年之后，特别是进入20世纪90年代以后，我国的国际环境发生了重大变化。一方面，以美国为首的西方国家对中国进行了所谓的"制裁"与"封锁"，20世纪70年代之后一度缓和的中国与西方国家的关系再度趋于紧张。另一方面，台湾地区领导人李登辉上台之后，大肆推行"台独"，搞所谓的"一边一国"，使祖国统一面临极大的威胁。尤其是1999年科索沃战争中，美国飞机竟然轰炸中国驻南联盟大使馆事件，使全国人民更深刻地认识到增强国防和军队实力的极端重要性。而相对落后的国防科技和武器装备就成为增强国防和军队实力，提高维护国家安全和统一的"瓶颈"。在这种情况下，党中央、中央军委毅然决然地决定实施"高新技术工程"，加大对国防科技和武器装备建设的投入，大力发展军事斗争准备急需的高技术武器装备。

"高新技术工程"的实施，既是我国国防科技和武器装备进入加速发展阶段的一个重要标志，也是我国国防科技和武器装备建设实现第二次历史性飞跃的开始。随着"高新技术工程"的实施，特别是国内科技水平的跃升和国防投入的增加，国防科技工业部门终于得到了新中国成立以来从未有过的良好物质保障，武器装备研制有了快速发展，我国国防科技和武器装备建设迎来了第二黄金期。如果将 20 世纪 50～60 年代前期算作我国国防科技和武器装备发展的第一个黄金期，进入 21 世纪后，随着"高新技术工程"的实施，我国国防科技和武器装备建设可谓进入了第二个黄金发展期。相比之下，第一个黄金期我国国防科技和武器装备的快速发展还是全面引进和模仿苏联为主，其主要成果是"两弹一星"的成功；第二黄金期的发展特点却是自主研发为主，对外购买和引进少量先进武器装备和军事技术只是作为补充，其主要成果是以歼－20、运－20、东风－21D、巨浪－2、052D、载人航天、天宫一号等一大批世界先进水平的武器装备，真正开启了我国防科技和武器装备走向世界先进行列的新时代。

二是转变武器装备发展模式。从以往单纯地发展防御性武器装备，转变为发展攻防兼备的武器装备，从发展一般技术的武器装备，转变为重点发展军事斗争急需的高新技术武器装备。

我国一直奉行"积极防御"的军事战略。在相当长一段时期内，这种"积极防御"战略主要是国土防御。在这种军事战略的指导下，我们的国防和军队也基本上是国土防御型的。如陆军是国土防御型的陆军，海军是近岸防御型的海军，空军是国土防空型的空军。与此相适应，我国的武器装备主要是防御型的。如空军的防空型飞机占飞机总数的 80% 以上，海军舰艇主要是适应近岸防御的中小型舰艇。随着我改革开放的深入，对外交往的扩大，经济实力的增强，特别是国家战略利益的拓展，迫切需要国防实力和军事实力不断向海洋、太空和网络空间等全新领域扩展，以维护国家的安全统一和不断拓展的战略利益。在这种情况下，我们的军事战略就成为攻防兼备的"积极防御"，也就要求建立攻防兼备的国防和军队。与此相适应，我国国防科技和武器装备的发展模式就发生了根本性的转变，从以往单纯地发展防御性武器装备，转变为发展攻防兼备的武器装备，大量攻防兼备的新型武器装备研制成功并装备部队，极大地提高了军队的作战能力。随着武器装备发展模式的转变，特别是大量攻防兼备型的武器装备列装部队，各军兵种的战略任务也随之发生了新的变化。陆军实行了从区域防御向全域机动转变，海军实行了从近海防御到远海防卫的转变，空军实行了从国土防空实施攻防兼备转变，二炮实行了从以核为主到核（弹）常（规）兼备转变。

由于经济技术条件的限制，长期以来，我国国防科技和武器装备只能走数量规模型的路子，利用有限的经济技术条件，特别是经费投入，发展和装备大量的一般技术的武器装备，以武器装备数量的优势弥补武器装备质量上的不足。这一国防科技和武器装备发展模式，在武器装备没有代差的情况下，是完全可行的。例如，利用技术水平较低的机械化武器装备的数量优势，完全可以弥补相对技术水平较高的机械化武器装备的质量劣势。然而，从20世纪70年代开始，随着以信息技术为核心的高技术迅猛发展及其在军事领域的广泛应用，大量与传统的机械化武器装备具有质的差别的新型高技术武器装备大量出现，在海湾战争、科索沃战争、阿富汗战争等现代局部战争中发挥了举足轻重的作用，并开始从根本上改变作战方式和战争形态，进而改变军队的组织结构。在这种情况下，按照原有的武器装备发展模式，大量发展一般技术的武器装备就行不通了。传统的机械化武器装备在数量上的优势，根本不可能弥补高技术武器装备在质量上的代差。因此，为了适应高技术发展，特别是世界军事革命的发展要求，跟上世界武器装备发展步伐，我国的国防科技和武器装备发展模式也发生了重大改变，从发展一般技术的武器装备，转变为重点发展军事斗争急需的高新技术武器装备，从而使我国国防科技和武器装备发展从数量规模型，走上依靠科技进步的质量效能型的良性发展轨道上。自2004年以后，中国国防白皮书也已经向国内外宣布，中国军队建设的重点是信息化，能打赢信息化条件下的局部战争将是军事斗争准备的主要任务。中国在综合国力增强后，也不会走对外扩张之路，不过保持国防实力的适当发展，才能对国际反华势力和分裂势力起到有效的震慑作用。

三是构建新型国防工业体系。在加大经费投入的同时，加强对国防工业的结构调整和技术改造，以建立既满足新时期武器装备发展要求又适应社会主义市场经济需要的新型国防工业体系。

我国的国防工业体系，最初是在苏联的援助下建立的。经过自主发展时期的自我完善，尽管整体水平与世界先进水平相比，还是有较大差距，但还是逐步形成了体系相对完整、结构相对合理、独立自主的国防工业体系，具备了研制发展军事斗争需要的武器装备的能力。进入调整改革阶段之后，随着国家战略重心向经济建设转移，国防科技工业随之进行了结构功能的调整，实施了军转民的战略转移，随着军品订货的大量减少，原来相对封闭的庞大国防工业纷纷进入国民经济建设的主战场，投入民品的研制和生产。应该说，实施军转民的战略转移，是改革开放时期我国国防工业发展的必然选择，也是我国国民经济发展的现实需要。然而，由于准备不足，加之管理和运行机制等方面的制约，这种战略转移虽然在一定程度上促进了国家的国民经济建设能力的增强，特别是民品生产能力的提高，但对国防科技和武器装备科研生产能力的保持和提高形成了强烈的冲击，导致90%以上的国防工业企业亏损或严重亏损，国防科研生产能力严重削弱。特别由于经费投入严重不足，不仅使得"多研制、少生产"的既定目标根本难以实现，而且最终导致研制得不多，生产得更少，国防科技水平与世界先进水平的差距不断拉大。实施"高新技术工程"之后，紧迫的武器装备特别是高新技术武器装备研制需要，与能力日益低下的国防科研生产能力形成强烈的反差。尽管付出了巨大的努力，并采取了一系列果敢的措施，但在"高新技术工程"实施初期，我国国防科技基础的薄弱，导致武器装备发展中拖进度、涨经费、降指标的现象十分普遍，严重地影响了

"高新技术工程"的进度，特别是国防科技整体水平的提高。在这种情况下，党中央、国务院、中央军委果断作出决策，在大量增加对国防工业的投入，以改善其科研生产条件的同时，对国防科技体系进行了进一步的调整，以适应武器装备加速发展，特别是"高新技术工程"实施的现实需要，从而使我国国防科技进入了调整发展的新时期。

进入20世纪90年代末期以后，经过20年的改革开放，我国的市场经济日益完善，国防科研和武器装备管理体制也发生了深刻的变化。为了适应社会主义市场经济体制，建立与市场经济相适应的国防科技工业体制和运行机制，国家对国防工业体系进行了进一步的调整与改革，在国防科研生产过程中，与社会主义市场经济相适应的竞争机制、评价机制、监督机制和激励机制相继建立并日趋完善，新型国防工业体系逐步建立。

实际上，自20世纪90年代末以来，中国每年都有一些重大的国防科研突破，尤其是在航空、航天、船舶、兵器、军用电子、工程物理等高技术领域取得了一大批具有世界先进水平的成果，弥补了过去基础研究的众多弱项。进入21世纪之后，我陆军第三代坦克批量装备部队，先进的野战防空装备、远程火力突击装备也大量生产；国产第三代战机"歼-10"等列装航空兵后形成了以第三代战机为骨干的空中武器装备体系；世界先进水平的防空反导装备研制成功，加上先进的空空导弹、空地导弹，又使空军逐步具备攻防兼备作战能力；国产新型导弹驱逐舰、导弹护卫舰大量列装，使海军先进舰艇数量具备一定规模，并配备各种先进舰载武器系统，极大增强了防区外打击能力和编队防空能力；第二炮兵部队开始装备机动的战略核导弹，已具备核常兼备、慑战并举的作战能力；我军信息支援能力日益提高，电子战水平也有了极大提高。国防科技工业的加快发展带来的装备更新换代，已经逐步形成具有本国特色的机械化与信息化复合发展的武器体系，在某些领域里跻身于世界先进行列。尤其令中国人民自豪的是，国防科研部门发挥自身的强项，在进行信息化建设的同时迈向外层空间，"神舟"1号至10号相继发射成功，"天宫一号"升空，2007年1月还进行了反卫星试验。

我国国防科研水平的跃升，使国产武器在国际军贸市场上也走向高端，改变了过去以低档廉价为主的外销方式。中国推向国际市场的FC-1"枭龙"战斗机、国产"凯山"防空导弹、"江卫"级护卫舰等重型主战装备，都被认为不逊于西欧国家同类产品的水平，价格又具有优势，因而受到众多发展中国家的欢迎。在武器外销增加时，中国的武器外购却在不断减少。在2008年珠海航展上，中国一位导弹总设计师曾公开对记者发表讲话说："前些年我们从某些航空强国引进一些装备、技术，这对我们是有不小帮助的。但再过三年，最多五年，他们再想向我们销售产品就会相当的困难，因为那时我们的技术水平可能已经赶上甚至超过了他们。"[1]

2009年的新中国成立60周年天安门阅兵，是对新中国武器装备发展的一次大检阅。参阅部队在地面有30个装备方队，展示的武器数量超过以往历次国庆阅兵，而且性能也有了新的跨越，并能充满自信地公布了型号和部分性能。阅兵中出现的国产第三代主战坦克99式和96式，虽在10年前的天安门广场阅兵中已出现过，不过其内部设备已有了质的飞跃，外装甲上的防护设施也有了显著的改进。汽车牵引的火炮已经退出了阅兵行列，参加阅兵的火炮都是自行火炮和车载突击炮，其中的155毫米自行加农榴弹炮出口中东后被用户认为优于西方同类装备。东风-31甲战略弹道导弹在阅兵式上又再次作为重要方阵亮相，显示出"个头变小、威力更大"的特点，说明已具备了第二次打击能力。再加上东风-21中程导弹和"长剑-10"巡航导弹的亮相，形成了远、中、

---

[1] 徐焰：《中国武器装备发展进入第二个黄金期：重点技术赶超成功》，载于《中国青年报》2011年5月6日。

近程配套的体系，表明了我国军队核常兼备的战略打击能力大大提高。阅兵中的海军因不可能"陆上行舟"，主要以车载方式展示了多种导弹，显示出反舰和防空作战能力的跃升。空军受阅编队的战机达150架，是新中国成立后历次阅兵中数量最大、机型最多的一次，而且所有战机均系国产，其中如歼–10、歼–11又属第三代，令不少人感到神秘的国产预警机也首次加入受阅阵营。

  2014年1月11日，中国新研制的第四代战斗机歼–20在成都进行了试飞，使我国成为继美国、俄罗斯之后第三个能研制出这一代新战机的国家，目前，歼–20已经开始在部队试装，很快将正式装备部队。随着全球范围高科技的发展，航空作为高投入、高科技密集的产业，在世界上已经成为"贵族"产业，只有美国、俄罗斯还维持原有的完整的飞机制造业，欧洲国家必须联手合作才能共同维持完整的航空工业，其他国家则在很大程度上成为美、俄、欧洲航空工业体系里的配角。在此形势下，中国航空业能异军突起，标志着基础工业、装备制造业、材料科学、电子科学等各个相关领域都有了重大突破，并将改变未来空军强国的格局。近些年国际上的局部战争已证明，空军已成为"首战之军"，中国在世界战机的研制领域已超越西欧而跃入前三名之列，这为我军空军在确保"首战用我，全程用我"提供了物质保证。

  新中国成立60多年来，神州大地已发生了"天翻地覆慨而慷"的巨变。人民军队的面貌也由"小米加步枪"走到了今天的机械化加信息化。"神舟"飞船遨游太空，导弹神箭刺破青天，新型核潜艇可下五洋，装甲铁骑高速驰骋……新中国一代代军工人员和广大科技工作者在武器装备的研制生产方面付出了艰辛的努力，创造了辉煌的业绩。不过国人也应清醒地看到，由于国家的技术底子薄、目前产业规模虽大却在总体上档次较低，在多数高端产业上与最发达国家相比仍有不小差距，这也使我国的武器装备总体水平仍落后于世界最强手，要达到赶超的目标还需要经历漫长的征程。

第二章

骄人的四次飞跃

新中国刚刚成立时，年轻的人民解放军在数量规模上虽然十分庞大，超过 500 万人，但武器装备整体水平却与世纪先进水平有着巨大的差距。武器装备主要是抗日战争和解放战争中缴获的，水平十分有限。不仅装备品种杂，装备质量差，而且打赢现代战争急需的机械化武器装备几乎空白。而我国国防科技工业的基础也十分薄弱，整体水平十分低下。然而，勤劳勇敢的中国人民，在中国共产党的正确领导下，在开展艰苦卓绝的社会主义政治、经济、科技、文化建设的同时，也开启了国防科技和武器装备发展的新征程。经过 60 多年的艰苦努力，我国不仅建立了独立自主、功能完善、结构合理的国防科技工业体系，具有了能自主研制生产所有类型武器装备的科研生产能力，国防科技和武器装备的整体水平与世界先进水平的差距不断缩小，部分领域已经达到或接近世界先进水平。新中国成立 60 多年来，随着我国国防科技工业体系的建立、完善，科研生产能力的迅速提高，我军的武器装备的整体水平也逐步从小到大、从弱到强，实现四次大的飞跃。

一、第一次飞跃：从杂式到制式化

从新中国成立到 20 世纪 50 年代末，既是我国国防科技工业体系的构建时期，也是我军武器装备从杂式到制式化的第一次飞跃发展时期。在这一时期，通过引进和仿制链式武器装备，我军武器装备终于开始从以步枪为主的轻武器向以坦克、大炮、飞机为主的重武器转变，实现了从少到多、从简单到复杂、从步兵到诸军兵种的飞跃，海军、空军武器装备初具规模。

新中国成立时，经过战争洗礼的中国人民解放军，尽管主要力量还只是陆军，海军刚刚建立，空军正式筹建，其武器装备已具有一定的数量规模和水平。开国大典大阅兵时，我军展示了75毫米野战炮、105毫米榴弹炮、37和57毫米高炮等，以及P－15型歼击机、蚊式轰炸机、PT－19型教练机、L－5型通信观察机等。然而，由于这些武器大多是在战争中从敌人手中夺过来的，因此还存在一些显著的问题：一是武器装备品种繁杂，陈旧落后，如枪炮就有110种、82种口径，产自20多个国家，主要以冲锋枪、轻机枪、重机枪、轻迫击炮、重迫击炮等武器为主。二是步兵武器装备多，海军、空军和陆军特种兵的武器装备少，整体技术水平低。尤其是打现代战争需要的飞机、军舰少得可怜，坦克、大炮也为数不多。能使用的60架作战飞机就多达10个机种，有的飞机、舰艇早已破旧不堪，缺少配件，难以修复。

新中国成立后，在国防工业基础十分薄弱，科研生产能力十分低下的情况，为了迅速改善武器装备，建立一支掌握先进武器装备的现代化人民军队，中共中央确定分两步走的武器装备发展方针：

(一) 大量进口苏联武器装备

新中国成立时，由于国防科技工业基础十分薄弱，科研生产能力十分低下，完全依靠自身的国防科技力量来改善我军的武器装备，几乎是完全不可能的。因此，大量进口先进的苏式武器装备，迅速实现人民解放军武器装备的制式化，是提高我军武器装备整体质量和水平最有效、最快捷的方法。其实，早在新中国成立前的1949年7月，中共中央政治局委员、中央书记处书记刘少奇访苏时,就于当月 27 日向斯大林、华西列夫斯基和布尔加宁等提出了向苏联购买作战飞机等武器装备的问题。经双方商定,当年 10 月 15 日,即新中国成立半个月后,就从苏联进口了第一批作战飞机。至 1949 年底,共进口各型军用飞机 185 架。朝鲜战争爆发后,为了保障抗美援朝的需要,我国加速了从苏联进口武器装备的步伐,进口苏联武器装备的规模不断扩大。1950~1951 年,共接收了 12 个苏军航空兵师的航空装备(整体移交),进口了 36 艘苏联鱼雷快艇。1953 年 6 月 4 日,我国又和苏联签订了进口(含转让制造)81 艘舰艇的协定。1951~1954 年,还从苏联进口了 60 个步兵师的全套武器装备和 36 个步兵师的轻武器。利用从苏联进口(转让、移交)的作战飞机,空军从 1950 年 10 月至 1954 年初,短短的四年多的时间内,组建了 20 多个航空兵师,拥有各型飞机 3 000 多架,形成了包括歼击、强击、轰炸、侦察、运输航空兵在内,比较完整的空中力量体系。1954 年和 1955 年,苏联军队从安东(今丹东)、沈阳和旅大地区撤回国内时,我军有偿接收了苏军 1 个潜艇基地、5 个歼击机师、1 个轰炸机师、2 个步兵师、1 个机械化师、3 个地面炮兵师、3 个高射炮兵师等部队的大部分武器装备。

至 1955 年底,我国共进口和接收苏式各种枪 80 余万支(挺),火炮 1.1 万多门,坦克装甲车辆 3 000 多辆,飞机约 5 000 架,舰艇约 200 艘(含转让制造部分),雷达和探照灯 1 400 多部,无线电和有线电通信机 1.2 万多部,舟桥 15 套,主要工程机械 500 多部,防化专用车辆 100 多辆,以及各种弹药和配套装备。

从苏联进口和接收的大量武器装备,不仅迅速提高了人民解放军武器装备的制式化水平,完善了陆军,建立起了海军和空军,而且在一定程度上满足了抗美援朝作战的急迫需要。

(二) 仿制苏式武器装备

在大量进口和接收苏联武器装备的同时,我国还利用苏联援建的国防科技工业，仿制苏式武器装备，进行许可证生产，并取得了突破性的进展。

1951年初，以国务院总理周恩来为主任，代总参谋长聂荣臻、重工业部部长李富春为副主任的中央兵工委员会，根据朝鲜战争的实际需要，提出了提早进行兵工建设的方针，并于同年6月20日作出《关于兵工建设问题的决定》。按照这个决定，1952年以前，军工企业自制了一些轻武器和弹药，修复了一部分旧杂式武器装备。从1953年起，逐步开始仿制苏式武器装备，先后新建和扩建了79个规模较大的军事工厂，投入武器装备的仿制和试制生产。到1955年底，我军利用进口和国产的武器装备，换装和新装备了陆海空三军数十个师级单位。

如果说在第一个五年计划时期，我国国防科技和武器装备建设的主要任务，主要是在大量进口和接收苏联的武器装备，在满足抗美援朝的急需的同时，加速引进苏联的设备和技术，在苏联专家的帮助下，建立国防科技工业企业和研究机构的话，那么，到第二个五年计划时期，就基本上进入了按苏联提供的图纸和技术，在苏联专家的指导和帮助下，批量进行苏式武器装备的许可证生产了。

1956年7月19日，在沈阳飞机制造厂，我国仿制生产的第一架作战飞机——歼-5型歼击机，首飞蓝天成功，中国人民由此开始了航空工业从仿制到自行研制、从弱小到强盛的艰苦的奋斗历程。在第二个五年计划期间，在苏联专家帮助指导下，用苏联提供的设备和图纸，还先后仿制生产出了56式枪械、带"5"字头的各种火炮、59式坦克等主要装备，这些武器装备都达到或接近了当时的世界先进水平。利用许可证仿制苏式武器装备，成为我国第二个五年计划时期，国防科技和武器装备建设的主要任务。到1959年，共仿制生产了包括歼-5、歼-6、59式坦克在内的100多种制式武器装备，在极大地改善了我国国防科技工业的整体水平的同时，也使我军武器装备的制式化水平大幅提高。

在当时，我们在进行许可证生产，仿制苏式武器装备的同时，并没有停止对苏联武器装备的进口。1956年以后，我国还进口了不少飞机、舰艇和其他个别装备的仿制样机。在大量进口苏式武器装备和仿制的苏式装备的同时，我军先后成立了炮兵、坦克、空军、海军、工兵等军兵种的军事学校，培养相应的军事技术人才，国防科技和武器装备发展逐步进入良性发展的轨道。

到20世纪50年代末，通过引进、接收和仿制苏式武器装备，不仅使我国陆军的武器装备得到较大的改观，海军和空军的武器装备已初具规模，陆军特种兵的武器装备也迅速发展起来，陆军步兵的旧杂式武器装备绝大部分被淘汰，基本上实现了武器装备的制式化，全军武器装备的战术技术性能比新中国成立时大大提高了一步。1959年，我国又自行研制了59式中型坦克，从而宣告了中国不能生产坦克的历史正式结束。与此同时，我国航空工业在短短新中国成立十年内，已经仿制和研制出了超音速喷气战斗机和轰炸机。从而实现了我军武器装备发展进程中从杂式向制式化的第一次飞跃。

二、第二次飞跃：从摩托化到机械化

20世纪60~70年代的20年间，我国依托新中国成立后10年间建立起来的国防科技工业基础，依靠自身的力量，自行研制陆、海、空以及战略武器装备，武器装备发展发展有了新的突破，诸军兵种武器装备尤其是空军、海军、二炮部队的武器装备突飞猛进，基本完成了由进口化、引进化、仿制化到国产化、自制化、改进化的转变，实现了武器装备从摩托化向机械化的飞跃。

20世纪60年代以后，由于中苏关系的恶化，苏联专家全部撤走，所有援助项目一律停止，我国国防科技和武器装备发展"被迫"走上自力更生的发展道路。

（一）实现武器装备国产化

实际上，我军武器装备的国产化，是从仿制苏式武器装备开始的。早在20世纪50年代中期到60年代初，就已经仿制大量的苏式武器装备相继装备部队。其中，以陆军的枪械、火炮、通信、工程、防化等武器装备的进展最快，到1962年底，所需品种和数量基本上可由国内生产解决。

作为空军主要武器装备的作战飞机的仿制速度也比较快。继1954年仿制成功雅克－8初级教练机之后，1956年和1959年又先后仿制成功歼－5型和歼－6型歼击机。20世纪60年代，歼－7型飞机和轻型、中型轰炸机，也先后仿制定型并装备部队的。

海军武器装备的仿制工作进展也比较顺利。在20世纪50年代海军创建之初，装备的只是从国民党军队缴获来的有限几艘舰艇。到新中国成立10周年的1959年的时候，我国才装备了第一艘自己生产的舰艇。到20世纪60年代，海军专用装备完成了苏联提供的鱼雷快艇、鱼雷潜艇、护卫舰、猎潜艇、扫雷舰等舰艇的转让制造和半成品装配，并仿制了其中部分舰艇。海军先后装备了导弹驱逐舰、导弹护卫舰、导弹快艇、登陆艇、猎潜艇、鱼雷艇、扫雷艇、常规舰艇与特种舰艇。并多次实施海上作战演练和从近海到太平洋的远航训练，展示其具有多种作战能力。20世纪60年代，还依照苏联的技术资料，先后仿制了鱼雷潜艇、水翼鱼雷快艇和两型导弹快艇。

而各种战术导弹的仿制工作却起步较晚。尽管从20世纪50年代后期开始，我国就开始引进苏联相关导弹技术和设备，但直到1960年才仿制成功近程地地战术导弹。随后，空空、地空、岸舰、舰舰等各型导弹，先后于20世纪60年代中后期才仿制成功，并陆续装备部队。

（二）自行研制武器装备

从20世纪50年代中期开始，在进口和仿制苏式武器装备的同时，我国依靠刚刚建立起来的国防科技力量，着手进行武器装备的研制和改进工作。到20世纪60年代中期，已经自行研制出一批新武器、新装备。据统计，1958～1963年4月，经国务院军工产品定型委员会批准定型的武器装备及其配套的设备共268项，其中仿制的158项，占59%；自行研制的102项，占38%；改进设计的8项，占3%。1963年，我国自行研制的轻武器、火炮、坦克、装甲车等陆军武器装备相继定型并装备部队。1964年全年，被批准定型的武器装备共95项，其中自行设计的52项，占55%；仿制的43项，占45%。随着自行研制的武器装备的比重逐年增加，到达20世纪60年代末期，自行研制的武器装备已经成为我国武器装备的主体。

在长达十年"文化大革命"中，我军武器装备的发展受到了严重挫折和破坏。虽然，绝大部分武器装备已经实现了自行研制生产，但所研制生产的武器装备不仅质量差，不配套，而且遗留的质量问题和关键性技术问题也比较多。据统计，1969～1971年，空军接收的700多架歼-6型飞机，有50%缺敌我识别器、火箭发射器和护尾器，整体作战能力受到很大影响。

在武器装备自产化的过程中，各类武器装备的进展并不是一样的。其中，陆军武器装备除坦克、装甲车辆之外，其他陆军武器装备如枪械、火炮、通信、工程、防化等武器装备进展都比较快，到20世纪60年代中期，已先后实现了自产化。而海、空军的专用装备直至20世纪70年代中期才基本实现自产化。据统计，到1975年底，我军武器装备中，自产坦克占71%，飞机占75%，战斗舰艇占89%，工程机械占96%，火炮占97%；枪械、通信、防化装备和舟桥渡河器材，全部实现了自产化。

而第二炮兵武器装备，则完全是通过自身的艰苦努力，自主研制和发展起来的。1960年11月，我国第一枚弹道导弹试验成功，1964年10月，我国第一颗原子弹试验成功，1966年7月，中国人民解放军第二炮兵成立，中国从此有了自己的核反击部队。1966年10月27日，中国第一枚导弹核武器发射成功，中国从此有了可用于实战的核导弹。

经过20多年的努力，到20世纪70年代末期，我军武器装备终于在引进和仿制的基础上，实现了武器装备国产化，并依靠自身的力量实现了武器装备从摩托化向机械化的飞跃。

三、第三次飞跃：从机械化到电子化、信息化、通用化、自动化

20世纪80~90年代，是我国改革开放的重要时期，也是我国国防科技和武器装备从机械化向电子化、信息化、通用化、自动化飞跃的重要时期。在这一时期，利用相对有利的国际环境和改革开放的政策支持，我国武器装备发展改变了20世纪60~70年代的那种封闭发展状态，开始引进国外军事先进技术，挖掘自身国防科技潜力，发展建设现代化军队急需的新型武器装备，逐步实现了我军武器装备由机械化向电子化、信息化、通用化、自动化方向的革命性转变，部分武器装备达到了国际先进水平，走出一条具有中国特色的武器装备现代化发展之路

进入20世纪70年代以后，以信息技术为核心的高技术迅猛发展及其广泛应用，在导致人类社会经济形态发生根本性变化，开始从工业时代向信息时代演进的同时，大量高技术武器装备出现和战场运用，也促使世界军事领域出现了一系列革命性变化，一场新的军事革命蓬勃兴起。因此，改革开放之后，如何跟上世界军事和武器装备发展步伐，努力实现武器装备现代化，是中国人民解放军现代化建设的一项战略任务，更是改革开放后中国人民解放军武器装备发展的一个基本目标。

为了走出一条中国特色的武器装备现代化的路子，改革开放以后，尽管由于军队建设要服从服务于国家经济建设，武器装备

研制和开发费用大幅度减少，但中国人民解放军则是采取建立适合中国国情的武器装备发展体制，制定中长期发展规划，加强论证工作，缩短战线，突出重点，不断引进、消化、吸收国外先进军事技术等措施，不断加快武器装备发展步伐，迅速提高武器装备的战术技术性能和整体质量水平，使我军武器装备的发展方向和重点发生了根本性的变化，从发展一般技术的武器装备向发展高技术武器装备转变，从机械化向电子化、信息化、通用化、自动化转变。

应该说，在改革开放初期，由于体制调整的影响和经费投放的局限，我军武器装备发展的速度明显减缓，新型武器装备研制、生产和装备的数量大幅减少。到 1987 年，随着国民经济的逐步好转和国家科学技术水平的不断提高，特别是经费投入的增加，一批新的武器装备相继研制成功并装备部队，使人民解放军的武器装备现代化水平提高到了一个新的水平。

在陆军武器装备方面。1978 年，兵器工业部门的一些科研、生产单位通力合作，于 1981 年完成了新型步枪与班用轻机枪成族的设计定型工作，并 1985 年开始成批生产并装备部队，实现了我军通用轻型武器装备的通用化、自动化。

1977 年，77 式 7.62 毫米手枪研制成功。该枪小巧、美观、轻便，比 54 式手枪减轻 36%，其突出特点是能单手装填，适用于特种作战。从 20 世纪 80 年代初开始，这种枪就实现批量生产和装备部队。

1982 年在 67-1 式轻重两用机枪的基础上，67-2 式重机枪研制成功。1985 年在 77 式 12.7 毫米高射机枪的基础上，85 式 12.7 毫米高射机枪研制成功，基本达到了当时的国际先进水平。1977 年 12 月，77 式 5 个型号的木柄手榴弹的设计定型，是中国手榴弹制造史上的一个重要转折点。1979 年，77-1 式木柄手榴弹在实战中开始试用，受到了部队的普遍好评。

1982 年以后，82-1 式拉发火无柄手榴弹和 82-2 式、82-3

式针刺发火无柄手榴弹相继设计定型。1979年，红箭-73反坦克导弹研制成功，并开始成批装备部队。

1980~1983年，73式100毫米滑膛反坦克炮、105毫米无坐力炮和新研制成功的78式82毫米无坐力炮陆续装备部队。100毫米滑膛反坦克炮配用的大比重钨合金穿甲弹，具有较远的直射距离和较大的穿甲威力，在1000米射击距离上穿甲厚度比钢质弹提高35%。78式82毫米无坐力炮的直射距离和破甲威力均比65式82毫米无坐力炮大。

1981年以后，70年代定型的74式双管37毫米高射炮系统、瞄式新型炮瞄雷达、57毫米高射炮—1式指挥仪和20世纪80年代定型的警-17丁、582乙、572甲等目标指示雷达陆续装备炮兵部队。1987年，新型双管25毫米高射炮又研制成功，并开始投产。新型自行小高炮也在加速研制。到1987年，我军作战部队军师两级装备的高射炮数比70年代分别增加了1.43倍和3倍，一个陆军师编制内的高射炮掩护面积增加了2.8倍。

1977年12月以后，先后研制、仿制和改进成功一批性能较好的压制火炮和仪器，并陆续装备部队。此外，还研制成功了新型的152毫米加农炮、273毫米火箭炮和新82毫米迫击炮，改进成功107毫米自行火箭炮。这些火炮的威力和机动性比过去仿苏联的同类火炮均有显著提高，形成了新一代的压制火炮系列，使人民解放军的压制火炮进入全面更新的阶段，提高了炮兵装备的现代化水平。

到1984年，69式坦克、59式坦克的改造型和79式坦克先后装备部队。其中以79式中型坦克的性能最为完善。其主要战术技术性能比69式坦克有了很大的提高。这种坦克采用了许多新技术和新部件。1980年，又开始进行了第二代主战坦克的研制工作，1983年，进入设计定型试验。为了便于步兵、坦克协同作战，步兵战车也在加紧研制中。

海军武器装备方面。从改革开放到20世纪90年代，与其他军兵种的武器装备相比，海军作战舰艇的发展速度还是比较快的，有多种新型舰艇陆续装备部队，并基本齐装。舰艇的综合作战能力与以往相比有了显著的提高。中国自行研究制造的051型导弹驱逐舰，装有高参数大功率蒸汽动力装置、导弹武器系统、自动舰炮、舰用雷达、搜索攻击声呐以及电子式指挥仪等新设备，海上作战火力强。

1974年，我国制造出第一艘攻击型核潜艇，同年8月交付海军使用。1983年，第一艘弹道导弹核潜艇开始在海军服役。核潜艇成批装备部队，标志着中国海军的综合作战能力有了质的飞跃。

中国水面战斗舰艇中第一个采用全封闭、全空调的053型导弹护卫舰于1986年装备部队。该舰的作战能力、现代化水平和自动化程度，较之先前的导弹护卫舰都有了较大幅度的提高，使海军舰艇攻防综合作战的能力达到了一个新的水平。

在此期间，海军先后研制和改进型导弹快艇、导弹驱逐舰、导弹护卫舰、舰载导弹，以及海军航空兵的歼击/轰炸机、强击机、反潜巡逻机等，并完成了重大科学研究试验。1982年10月，常规动力潜艇首次下水发射运载火箭成功。1983年10月至1984年4月，人民海军派远洋救生船3艘次远航太平洋完成对发射试验通信卫星的跟踪测量任务。1988年9月，又成功地进行核潜艇水下发射动载火箭试验……

空军武器装备方面。1985年，改进型歼-7型研制成功。先后在原机型基础上，增装了航炮，加挂了技术先进的空中格斗导弹，增强了火力和空中格斗能力。新研制的歼-7改型飞机，是一种超音速、全天候歼击机，不仅能截击敌轰炸机、歼击轰炸机和侦察机，还兼有一定的对地攻击能力。歼8-型飞机于1981年开始装备部队。1984年，对该机的雷达、火控和发动机系统进行了比较大的改进，定名为歼-8I型飞机。专门为海军航空兵研制的水上轰炸机也试飞成功，并装备了部队。1978～1979年，空军自行改装成功轰-6型照相侦察机。1981年，航空兵侦察部队装备了国产无人驾驶高空侦察机。1982～1985年，海军航空兵的国产运-8型飞机加装通信、导航、侦察设备，改装成海上巡逻机，解决了海上侦察巡逻的急需。航空兵侦察部队，从1985年开始装备国产高空、高速歼击机改装的歼侦-8型侦察飞机。

在战略核武器方面。1959年，苏联单方面撕毁协议，撤走专家，新中国国防科技和武器装备建设面临严峻的挑战和重重困难。就是在如此困难的条件下，中国人民开始了国防尖端技术的发展与攻坚的艰辛历程。1964年10月16日，中国第一颗原子弹爆炸成功，勤劳勇敢的中国人民用最短的时间掌握最尖端的核武器，超级大国的核垄断从此被彻底打破，中国在世界上的大国地位从此确立。1967年6月17日，中国的第一颗氢弹在西部地区上空爆炸成功，这是中国核武器发展的一次飞跃，从此中国成为世界上第四个掌握氢弹技术的国家。

与此同时，中程和远程导弹的研制取得了重大的突破。1970年4月24日，中国用远程火箭成功地发射了第一颗《东方红》卫星。1971年，战略导弹部队开始装备中程导弹核武器。20世纪80年代初，洲际导弹开始在战略导弹部队中服役。至此，人民解放军的战略导弹部队已拥有一定数量、多种型号的中程、远程和洲际导弹。这些战略导弹，既可以从固定的地面阵地和地下井发射，也可以进行机动发射，核威慑与核反击能力迅速提高。

1996年，人民解放军在东南沿海成功地举行了一系列诸军兵种协同演习。它标志着人民解放军的整体防卫能力已经有了进一步加强，完全能够承担党和人民赋予的捍卫祖国统一和领土完整的任务。

1997年7月1日，一个历史性的日子到来了，中国政府恢复对香港行使主权，中国人民解放军驻港部队以威武的姿态、严整的军容踏上香港的土地。

随后，我军又装备了一批新型的国产5.8毫米班用自动步枪、班用机枪和77式与85式12.7毫米大口径机枪，在减轻武器的重量、提高部队的勤务性等方面做了大量的工作，并取得了成功。在此基础上，QJZ89 式 12.7 毫米重机枪系统又进一步在减轻重量、提高机动性上作出努力，并采用了许多创新设计，使该武器系统步入了世界先进行列。由我国军工企业组成的科研联合体，又自行设计研制了 QLZ87 式 35 毫米自动榴弹发射器，填补了我军新型步兵自动武器系统的空白。

四、第四次飞跃：从系统到体系

世纪之交，世界军事革命浪潮风起云涌，军事改革发展的步伐不断加快。面对世界军事发展的严峻挑战，特别体系作战的新要求，我军以科技强军战略思想为指导，依靠自主创新、借鉴国外技术研制高技术武器装备"杀手锏"，开发了陆海空三军和二炮高精尖新武器于一体的武器装备体系，形成基于信息系统的体系作战能力，使我军的武器装备真正成为维护国家统一、利益拓展和世界和平的坚强盾牌，成为真正的陆地猛虎、大海蛟龙、蓝天之鹰、长空利箭。

20 世纪 90 年代以来，我军按照中国特色军事变革的要求，以科技强军战略思想为指导，不断加快武器装备现代化建设，充分发挥国防科技工业的潜力，特别是社会主义制度集中力量办大事的优势，军民融合，寓军于民，联合攻关，使我军武器装备又发生了质的飞跃。

海军武器装备建设初具规模。海军武器装备已由初期的空（通用飞机）潜（鱼雷潜艇）快（鱼雷快艇）为主，走向以核潜艇与常规潜艇、大中小型水面舰艇、海上专用飞机为主；作战武器由火炮为主发展到以鱼雷、导弹为主。海军五大兵种形成了遍及海陆空潜、岸基海基相结合、兼顾常规作战、多兵种合成的海上综合防卫作战体系。为增加常规潜艇的攻击作战能力，我海军潜艇逐步装备了反舰导弹,并且出现了装载战略导弹的常规潜艇。随着我国战略导弹的研制成功,中国海军又研制和建造出了自己的新型战略导弹常规潜艇。

1997年2月,中国海军两支舰艇编队同时走出国门,走向远洋,先后出访美洲四国和东南亚三国,总航程3万多海里,两支远航舰艇编队的雁"领头",就是素有"中华第一舰"美称的新型导弹驱逐舰"哈尔滨"号(112)及其姐妹舰"青岛"号(113)。1998年,我国海军舰艇编队横渡太平洋抵达美国本土和南美大陆,标志着海上机动编队保障实现了长足的跨越。2002年6月,由"青岛"号导弹驱逐舰和"太仓"号综合补给舰组成的中国海军舰艇编队于6月4日结束对希腊为期4天的友好访问。

空军武器装备发展十分迅速。随着一批批新型作战飞机和防空导弹装备空军部队,基本形成了高中低档搭配,歼击、对地攻击、运输和多种支援保障飞机相配套的体制系列,构成了高中低空、远中近程相结合的防空火力配系和覆盖全国的对空情报雷达网,使防空作战、空中作战和空降作战手段有了显著提高,形成了以一种大航程、大载弹量、速度快、兼有战斗机及轰炸机功能、技术先进的战斗轰炸机为主强大的空军力量,如歼-10、歼-11、歼-16、"飞豹"FBC-1歼击轰炸机、歼-8新型战斗机等。新型的非杀伤性武器如高功率微波武器已研制成功,并可以随时投入战场使用。

陆军武器装备有大的改观。中国陆军野战防空部队和空军防空兵的导弹部队,共装备有多个型号的地空导弹,已经具有覆盖高、中、低、远、近全空域的能力,而其中又以中低空防御系统较为先进。

作为由北方公司是为满足现代作战要求而开发的一种全新式坦克,90-Ⅱ主战坦克集中了许多世界上最先进的主战坦克的主要优点,大量采用了高新技术和先进的生产工艺,因而其使用性能优越,设计新颖,操作和维修简单。

战略威慑武器装备实力大增。我军战略导弹部队已初步形成核导弹与常规导弹兼有、近中远程和洲际导弹齐备的武器系列，能够独立或协同其他军兵种对敌实施自卫核反击和纵深常规打击。

国防科技研究特别是尖端技术科学技术有了重大突破。原子弹、氢弹的试验与潜射导弹、机动战略导弹的发射成功，标志着我军有了克敌制胜的"杀手锏"，百亿次银河计算机的问世，长征系列运载火箭进行了 57 次卫星发射，卫星测控技术等均达到世界先进水平……这些成果无不令世人为之惊叹。

中国新型返回式侦察卫星，重 3 000 多千克，其中可回收部分有效载荷的重量和容积，分别增加了 53% 和 15%，密封舱容积增加了 20.3%。1992～1996 年，中国已连续成功地发射和回收了 3 颗。与第一代中国侦察卫星相比，中国第二代卫星的轨道寿命、卫星照片的分辨率、胶片的装片量，以及胶片的有效利用率都有大幅度增加。中国的恒星相机摄星能力，从最初 4 等星可测提高到 7 等星可测，可测星的数量从 10 颗左右提高到近 200 颗，这是很大的进步，它从一个侧面证明中国航天照相机技术达到了一个较高水平，显示中国已经能够极精确地测定地球上任何一点的位置。中国空军空中加油机、预警机也已装备部队，具有重要的战略意义。

应该说，经过 20 世纪 90 年代以来的加速发展，我军武器装备建设水平有了飞跃性的提高。主要体现在：

第一，从以往的跟踪为主，已经进入探索发展阶段。我军武器装备的整体水平与世界先进水平的差距明显缩小。特别是歼－20 第四代作战飞机、052D 导弹驱逐舰、新一代核潜艇、新一代战略核导弹、新型军用卫星等高技术武器装备的研制成功，标志着我军武器装备发展进入了世界第一阵列，部分达到世界先进水平，已经完全摆脱了长期以来跟踪为主的发展模式，进入自主探索发展的新阶段。

第二，以引进装备和技术打基础，自主创新能力快速提升。20 世纪 90 年代以后，我们利用有利的国际环境，特别是苏联解体的有利时机，引进了一些军事斗争急需的武器装备和先进的军事技术，以这些引进的装备和技术为基础，我们自主开发了一系列先进的武器装备，如歼-11、歼-15、歼-16等。与此同时，通过体制机制创新与改革，极大地激发了国防科技工作者积极性，国防科技和武器装备自主创新能力大大增强。目前，我国已经能自主研制开发所有类型的武器装备，整体质量水平达到或接近世界先进水平。

第三，开始"探索一代"，形成从概念初始创新——关键技术攻关——技术集成的良性循环。经过长期的探索和努力，到20世纪末期，我国武器装备发展已经基本形成了"研制一代、生产一代、装备一代"的"三个一代"的良性格局，有力地保证了武器装备型谱系列的延续与拓展。进入21世纪之后，随着我国国防科技和武器装备整体水平的不断提升，许多领域已经进入世界先进水平的行列，传统的以跟踪为主的武器装备发展模式难以为继，必须加强作为国防科技和武器装备自主创新源泉的国防科技基础理论和技术的研究和探索，在"研制一代、生产一代、装备一代"的同时，开始了"探索一代"，并逐步形成从概念初始创新——关键技术攻关——技术集成的良性循环，使我国武器装备发展进入了"探索一代、研制一代、生产一代、装备一代"的新阶段，有力地保证了我国武器装备持久、快速、高效地发展。

第四，武器装备科研生产能力大大增强，具备应对重大事件的能力。经过60多年的不懈努力，我国已经建立了独立完整的国防科技工业体系，具备了独立研制开发所有武器装备的科研生产能力。特别是经过21世纪以来的结构调整和加速发展，武器装备的科研生产能力大大增强。目前，我国不论是军用船舶的科研生产能力，还是军用飞机的科研生产能力，都居世界前列，完全有能力为国家和军队应对重大事件提供足够有效的武器装备，为维护国家的安全统一、领土完整、利益拓展提供可靠的物质技术基础。

第三章

辉煌的建设成就

经过新中国成立后60多年的不懈努力和加速发展，我国已经成为国内生产总值仅次于美国的世界第二经济大国。作为国家实力重要标志之一的军事力量建设，也取得了卓越的成就。在军事实力迅速增长的同时，作为在和平时期军事实力重要标志的武器装备，无疑也取得长足的进步。经过60多年的艰苦努力，伴随着国家经济实力的增长，我国国防科技和武器装备建设取得了举世瞩目的辉煌成就。

一、精干有效的战略核武器

战略核武器装备是维护我国家安全的重要基石。经过60多年的发展，我国战略核武器装备已经形成"固液并存、射程衔接、精干有效"的战略核武器装备体系，具备了分导、突防、机动等多种战略威慑能力。

（一）艰难起步

作为我国的一支核心的战略核力量，火箭军及其前身第二炮兵可以说是随着新中国国防科技和武器装备事业，特别是著名的"两弹"（核弹和导弹）事业的发展而诞生的一支全新的部队。

20世纪50年代，在战争废墟上建立起来的新中国，百废待兴，亟待集中精力进行经济建设，休养生息。然而，世界并不太平。新中国成立后，我国在朝鲜战争和台湾问题上多次面临美国的核讹诈，包括用原子弹攻击中国境内的战略目标和在朝鲜境内的中国军队，这给中华民族和新生的共和国带来了重重的忧患和压力。面对敌对势力的"核讹诈"，在艰苦卓绝的抗美援朝战争结束后，共和国的领袖们最终下决心在百废待兴的情况下发展国防尖端技术，掌握自己的核武器，创建自己的战略核力量。

1955年1月，毛泽东主席指出：我们现在已经比过去强，以后还要比现在强，我们不仅要有更多的飞机大炮，还要有原子弹，在今天这个世界上，我们要不受别人的欺负，就不能没有这个东西。为贯彻这一指示，1956年党中央作出了重点发展以导弹、原子弹为尖端武器的决策。在钱学森主持下于1956年10月8日成立了中国第一个导弹技术研究院——国防部第五研究院，负责战略导弹武器的开发。

从1957年起，逐步组建了战略导弹的科研、训练、教学机构。1957年夏，我国组成了以聂荣臻元帅任团长的赴苏联谈判代表团，商谈引进苏联导弹武器事宜。与此同时，导弹部队的组建很快就提到了议事日程，当时中央军委决定从原理上最接近的炮兵开始组建这支神秘部队。1957年12月9日，炮兵司令部从全军部队及科研单位抽调600多名干部、战士在北京西南的长辛店中央马列主义学院旧址上，组建了地地导弹训练大队。很快，载着两枚苏制P-2导弹和地面设备的秘密专列从苏联驶入中国满洲里，并首次落户在长辛店，当时除了钱学森等少数留学归国人员，几乎没有人见过导弹，因此这两枚宝贵的导弹成为我国导弹武器研制和训练导弹部队的最原始教材。随P-2到来的还有苏军营长莎尔曼·邱克中校率领的102名导弹营官兵及部分教练弹。按照协议，苏军导弹教导营在中国只停留三个月，中方教导大队应按照苏军导弹营的编成对口教学。当时学员中有部分国防部第五研究院的专业技术人员，这些人员回到五院后很快成为我国导弹设计技术骨干。

在培训人员的同时，我国导弹仿制工作也紧锣密鼓地开始了。在导弹实物抵达我国不久，P-2导弹的俄文图纸资料也陆续运抵我国。P-2导弹是苏联早期在德国V-2导弹基础上自行研制的第一代液体弹道式导弹。导弹全长17.7米，最大直径1.65米，起飞重量20.3吨，射程500多千米，采用液氧和酒精做推进剂，有效载荷1500千克，可实现头体分离，1952年，在苏联服役。可以说这在当时是比较先进的武器，甚至比现在有些国家研制的导弹性能还要先进。

按照协议，苏联提供P-2导弹的技术资料仅限于生产所需图纸、资料，而不包括设计资料。为此，我国科技人员一方面加紧消化P-2导弹生产图纸资料，组织P-2导弹的试生产；另一方面对图纸进行反设计，摸清导弹的设计原理、有关参数和设计导弹所需要的配套数据。当时正值我国"大跃进"时期，浮躁心理使仿制工作走了一点弯路，在聂荣臻元帅的指导下才纠正了错误。但由于新中国刚成立，技术、人才、设备、元器件和原材料方面存在着明显不足，科研人员不得不采取少量进口、代用措施，解决关键问题。进入60年代后，我国进入了经济最困难时期，加之苏联撕毁协议，撤走专家、图纸，使仿制工作面临极大困难。但我国专家还是克服重重困难，在1960年10月仿制出国产第一枚近程地地导弹——"东风一号"，并在随后的西北靶场试验中，3发连射均获成功。

1960年3月18日，中央军委根据当时的国际形势变化，将蛰伏于长辛店的导弹训练队移师西北，并在那里成立了中国第一支战略导弹部队——地地导弹第1、2两个营。这两个营于1963年10月25日和11月3日，在甘肃双子城基地各发射1枚"东风一号"导弹，标志着中国战略导弹部队已形成战斗力。

在导弹试验的同时，中央军委决定建设战略导弹发射阵地，时任副总参谋长的张爱萍将军带领一班人马，深入北国原始山林实地考察，开始筹划在全国范围内建设弹道导弹基地。

1964年6月29日，中国第1枚自行研制的"东风二号"中程地地战略导弹在甘肃酒泉基地发射成功。该导弹对仿制的P-2导弹进行了一定改进，完全摆脱了进口部件。该导弹于1966年装备部队，成为我军第一代地地导弹武器。导弹全长20.9米，弹径1.65米，起飞重量29.8吨，采用一级液体燃料火箭发动机。在设计中，科研人员延长了"东风一号"导弹的燃料箱，使"东风二号"射程扩大了1倍以上，达到1300~1500千米。不久，装备上述导弹的导弹部队在我国东北、中原等地建立了第一批导弹基地。至此，我国的导弹部队成为一支真正可藏可打的战略反击力量。但值得注意的是，此时的导弹部队还只具有常规打击能力，因为此时我国核武器还没有研制成功。

1964年10月16日，我国第一颗原子弹成功爆炸。这次爆炸使中国成为世界核俱乐部的第五个成员，但是西方某些国家仍悻悻地称我国只是"有弹无枪"，并不具有投送核武器的能力。为此，我国导弹部队在科研人员支持下于1966年10月27日利用"东风二号"导弹在罗布泊进行了世界首次原子弹和导弹"两弹结合"的陆上实弹发射，这使中国导弹部队转变为世界屈指可数的核力量，并成为真正意义上的战略部队。这一天距离第二炮兵部队成立不到4个月。

1966年7月1日，中国人民解放军战略导弹部队在北京宣告成立。由于这支部队是在极其秘密的情况下组建的，考虑到当时的国际国内形势，没有使用"战略导弹部队"这个称谓，而是由周恩来总理亲自命名为"第二炮兵"，向守志任第一任司令员。

（二）体系初成

在两弹结合试验后仅2个月的1966年12月26日，我国在甘肃酒泉基地成功发射了独立研制的中程战略导弹。该导弹采用一级液体燃料火箭发动机，机动发射，可携带核弹头。这种导弹在实际作战能力方面与前两种导弹有着根本的差别。如果说前两种导弹解决了我国导弹武器的有无问题，该型号则从根本上解决了我国导弹武器能否打仗的问题，因为它具备的地面机动性使其具有了一定的生存能力，而较大的射程使其可以在相对安全的领土腹地打击敌国战略目标，这些特点使它在较长时间内成为我国战略核力量的支柱。

在这种中程战略导弹研制进入尾声的同时，我国中远程地地导弹的研制计划已经出台。新型导弹为多级火箭方案，多级方案不但要解决多级火箭级间分离的问题，而且要解决发动机在接近真空的环境条件下高空点火的可靠性问题。为了取得二级发动机高空性能参数，考核发动机的高空点火和工作情况，还需要进行发动机的高空环境试验，此类问题都是前所未有的。

1969年3月2日，中苏在珍宝岛发生了较大规模的武装冲突。恼羞成怒的苏联领导层叫嚣要对我国使用核导弹，我国再次面临军事强国的核讹诈。为此，年轻的第二炮兵部队很快进入临战状态，展示了中国坚决反击军事强国核讹诈的坚定决心，从而使苏联不敢轻举妄动，最终放弃了对中国实施核打击的企图。但这一事件无疑加快了中国新型战略导弹的发展步伐。为了防备苏联的进一步挑衅，我国在同年底首次进行了中远程地地导弹飞行试验。由于准备仓促，导弹指令系统发生故障，致使第二级未能点火，两级未分离，导弹在空中自毁。后经分析查明，这次飞行试验失败是设备的生产质量问题造成的。采取改进措施后，在1970年1月30日，我国中远程战略导弹在甘肃酒泉基地发射成功。该导弹采用与以往不同的二级液体燃料火箭发动机，机动发射，可携带热核弹头。该弹无论是射程还是威力与以前导弹均有很大差别，基本可以迈入洲际导弹的行列，这使我国针对苏联的战略威慑能力大为提高。

中远程战略导弹的研制成功，除了有针对苏联威胁的应急作用外，其真正的目的是为研制射程更远的洲际弹道导弹进行前期论证。洲际弹道导弹是导弹武器研制开发工作的巅峰之作，不但要求全面而复杂的导弹总体设计，而且需要一系列新技术和新工艺。为了保证洲际导弹的命中精度，富有远见的科研人员选择了先进的惯性平台—计算机方案，并采用稳定平台系统。为了解决中、近程导弹不明显而洲际导弹十分严重的弹头再入烧蚀问题，科研院所进行了大量的理论研究和地面试验，解决了弹头防热的可靠性、烧蚀变形气动稳定性等问题，并在生产工艺方面解决了防热套的热压成型工艺，确定了结构方案。虽然当时正值"文化大革命"高潮，但科研人员怀着对国家和民族负责的态度坚持完成了大量的技术开发工作，这为以后第二炮兵部队的发展壮大奠定了坚实的基础。

在20世纪70年代初期，二炮部队已经装备了多种导弹武器型号，并在全国范围针对不同作战方向组建了多个导弹基地，建立了扎实而完善的武器储存、运输、通信和工程建设等一系列的保障部队，初步形成战略核武器装备体系及相应的保障体系。

（三）多层反击

"文化大革命"结束后，我国全面进入改革开放和社会主义现代化建设时期，军队建设指导思想实现了战略性转变。1978年5月，邓小平同志专门抽出时间，接见了时任二炮政委、司令员的陈鹤桥和向守志，对二炮部队建设发展作出了重要指示，并在当时国力并不富强的情况下，毅然批准了战略导弹部队新的发展计划。这个历史性的决策，使第二炮兵的作战能力建设进入了一个新阶段。

1980年5月18日，中国第一枚洲际战略导弹从甘肃酒泉基地向南太平洋海区发射成功。该导弹采用二级液体燃料火箭发动机，发射井发射，可跨洲实施核打击。中国从此具备了一定的全球打击能力，形成了对太平洋对岸的战略威慑。

第三章 辉煌的建设成就

随着二炮部队装备武器的逐步增多,二炮先后建成一批中程、远程、洲际导弹部队和工程建筑部队,陆续组建了相应的作战保障、后勤保障和技术保障部队,并建立了培养导弹技术和指挥人才的专门院校,此时蛰伏已久的第二炮兵逐渐发展壮大了起来。

1984年,第二炮兵正式承担起战备值班的神圣职责,也就是说,第二炮兵部队随时可以向入侵之敌发起战略核反击作战。同年10月1日是第二炮兵部队永远难忘的日子。当天上午在国庆35周年阅兵中,神秘的第二炮兵首次公开亮相。第二炮兵部队组成3个战略导弹受阅方队,共12辆巨型牵引车载着中、远程和洲际战略导弹缓缓驶过观礼台,威武地通过天安门广场,接受党和国家领导人的检阅。这是我战略导弹部队第一次向世界公开亮相,神秘之旅的这次亮剑使世界为之震惊。

更让西方国家想不到的是,此时我国新一代战略导弹的研制已经进入尾声。1985年5月,我国第一种中程固体战略导弹发射成功。该型导弹是我国战略导弹部队的转型之作,是我国二代中程地地战略导弹。该弹采用固体燃料火箭发动机,公路机动发射。随着新一代战略导弹的服役,二炮部队的实战能力有了本质性的提高。1986年9月,中央军委主席邓小平向世界庄严承诺:今天中国有实力来保卫祖国,一旦受到外国的核袭击,我们能对该国作出核反击。

20世纪80年代末90年代初,中国已经形成了陆海空三位一体的完整战略核打击体系,随时可以实施多层次的战略核反击任务。但是此时国际风云突变,苏联解体,东欧剧变,使我国周边安全环境发生很大变化,二炮部队的战略任务和主要关注方向也随之进行了调整。在新的军事战略和战略核武器发展决策指导下,二炮部队又开始了一次新的转型——从以核为主转向核常兼备。正是这次战略转型,使二炮部队在维护国家统一的军事斗争中占据了更加突出的位置。

（四）核常兼备

按照中央军委决策，在二炮部队支持下，军工部门很快推出了一系列适合新时期军事斗争所需要的新型战略武器。1988年和1992年，我国自行研制的两种新一代近程地地战术导弹设计定型。这两种导弹均采用一级固体燃料火箭发动机，公路机动发射，携带常规弹头。这两种导弹的服役从根本上改变了第二炮兵部队的性质，使其从战略核部队转变为了"核常兼备"的新型实战性战略力量。根据新武器的特点和作战方向，第二炮兵部队很快在全国范围组建了多个新型导弹部队。新型实战型导弹武器在以后的军事斗争中发挥了重大作用。

1995年7月21～26日，二炮常规导弹部队向东海预定海域发射了6枚地地导弹，全部准确命中目标。这是第二炮兵组建以来，首次进行带实战背景的导弹发射训练。

1996年3月，在中央军委的直接指挥下，二炮部队再次在附近地域进行导弹发射训练，4发4中。精确的发射显示了第二炮兵保卫国家安全、维护祖国统一的决心和能力，为打击台独分子的嚣张气焰，遏制台独分子分裂祖国的进一步企图作出了重大贡献。

1999年10月1日，在新中国成立50周年阅兵式上，人们惊奇地发现，和1984年国庆阅兵时相比，我国导弹家族变得更加庞大了，而个头却变得越来越小了。正是这"一大一小"的变化，标志着我国战略核武器装备的技术水平实现了新的飞跃，也预示着我国战略导弹部队现代化建设实现了历史性跨越。在此次阅兵中，最让西方世界关注的是在导弹方阵后面的新型战略导弹。该导弹采用固体燃料火箭发动机，公路机动发射和发射井发射。这是一种能够在地面机动的洲际型战略导弹，其威力、反应时间和生存性都达到了前所未有的高度，其显示的核威慑和核反击能力也达到了前所未有的高度。

第三章 辉煌的建设成就

西方专家认为,这种新型战略导弹的整体技术已接近美国"民兵"Ⅲ和俄罗斯"白杨"系列导弹水平,是中国目前生产的威力最强的导弹,并认为该导弹具备多弹头携载能力,还可以携带多个诱饵,甚至采用了射程控制技术,这使其可以控制飞行弹道。这些措施使其成为突破导弹防御系统的新型"杀手锏"。与此同时,西方专家还认为,我国二炮部队正在全面开展现有武器的升级改造。美国情报部门在2002年透露,二炮部队在当年7月上旬试射了1枚"东风-21"导弹,并称弹着点附近的卫星照片显示,除了主弹头外,这种导弹还载有6~8个所谓"突防辅助装置"的假弹头。

经过60多年的努力,目前,我国战略核武器装备已经包括东风系列的地地战略导弹和巨浪系列的海基战略导弹。基本形成了"固液并存、射程衔接、精干有效"的战略核武器装备体系,具备了分导、突防、机动等多种能力。其中,地地战略导弹已经发展到第三代。根据射程的远近,我国地对地导弹分为近程导弹,射程1 000千米以下;中程导弹,射程1 000~3 000千米;远程导弹,射程3 000~8 000千米;洲际导弹,射程8 000千米以上。海基战略导弹已经发展到第二代,最大射程超过8 000千米。

在党中央的正确领导下,经过广大官兵的艰苦奋斗,第二炮兵建设取得了举世瞩目的辉煌成就,初步形成了核常兼备、射程衔接、威力和效能明显增强的军事力量体系,信息化条件下防卫作战能力不断提高,武器装备科研和管理现代化水平不断提高,装备技术现代化取得了长足进步。

2015年12月31日,中央军委举行仪式,将第二炮兵正式命名为"中国人民解放军火箭军",从而由原来的战略兵种上升为独立军种,成为中央军委直接掌握的战略部队,是中国大国地位的战略支撑,维护国家安全的重要基石。

目前,火箭军由地地战略导弹部队和常规战役战术导弹部队组成。其中地地战略导弹部队是一支具有一定规模和实战能力的主要核威慑和战略核反击力量。它由近程、中程、远程和洲际导弹部队，工程部队，作战保障、装备技术保障和后勤保障部队组成，是一支具有一定规模和实战能力的主要核威慑和战略核反击力量。常规战役战术导弹部队是装备常规战役战术导弹武器系统，遂行常规导弹突击任务的部队。它由近程、中近程常规导弹部队，工程部队，作战保障、装备技术保障和后勤保障部队组成。其担负核反击战略作战任务，在战略上配合其他军种作战，是实现积极防御战略的主要核打击力量。我国火箭军目前的主要任务是遏制敌人对中国使用核武器，在敌人对中国发动核袭击时，遵照统帅部的命令，独立地或联合其他军种的战略核部队对敌人实施有限而有效的自卫反击，打击敌人的重要战略目标。目前建成了一批不同型号和不同发射方式的作战阵地，初步形成了多种型号导弹武器装备系统，快速机动作战能力和准确打击目标能力进一步提高，在保卫社会安全、维护世界和平中发挥着重要作用。

二、走向深蓝的海军武器装备

海军武器装备是维护国家安全统一，特别是海洋权益的重要物质手段。经过60多年的不懈努力，我国海军武器装备已经形成以新型潜艇、水面舰艇、作战飞机等为骨干，中远程精确打击武器为手段，以东南沿海方向综合电子信息系统为支撑，从近海防御向远海防卫扩展的新型海军武器装备体系。

（一）取之于敌

中国人民解放军海军脱胎于虚弱的国民党海军。1949年3月24日，毛泽东主席和朱德总司令庆祝"重庆"号巡洋舰官兵

第三章 辉煌的建设成就

起义时就指出，中国人民必须建设强大的国防，除了陆军，还必须建立自己的空军和海军。1949年4月4日，人民解放军第三野战军副司令员粟裕、参谋长张震奉中央军委命令，到达江苏省泰县白马庙乡，建立渡江战役指挥部，接受国民党海军第二舰队起义投诚的舰艇，组建一支保卫沿海沿江的海军部队。

1949年4月23日，华东军区海军领导机构在白马庙乡成立，张爱萍任司令员兼政委，人民海军从此开始了其成长的壮丽历程。1989年3月，中央军委批准确定1949年4月23日为人民海军成立日。因此，华东军区海军就是中国人民解放军海军的前身，江苏白马庙就是中国人民解放军海军的诞生地。

1950年4月14日，中国人民解放军海军领导机关在北京成立，萧劲光任司令员，刘道生任副政委兼政治部主任；同年任命王宏坤为副司令员，罗舜初为参谋长，后相继组建了东海舰队、南海舰队和北海舰队。以后陆续组建了海军水面舰艇部队、海军潜艇部队、海军航空兵、海军岸防部队和海军陆战队五大兵种体系。

中国人民解放军海军的武器装备，基本上从国民党海军缴获或投诚的。1949年4月23日，国民党海军第二舰队在南京投诚。同一日，华东军区海军在江苏白马庙成立。仅1949年一年内，新中国就在上海、青岛、江阴、南京等地共接收了国民党遗留或投诚的各型护卫舰8艘、各式炮舰江防舰7艘、战士登陆舰1艘、中型登陆舰1艘、炮艇登陆艇等40艘、修理舰2艘、货船2艘、拖船4艘、各式杂艇26艘。其中多艘舰艇后来被国民党空军派机炸沉。

因此，新中国海军成立之初，并没有驱逐舰等大型作战舰艇，最大的作战舰艇仅为护卫舰，共有"南昌""沈阳""长沙""济南""长白""西安""武昌""惠安""吉安""济南""南宁""广州""开封""临沂""洛阳"等十余艘。其中"南昌"舰原为国民党海军第一舰队旗舰"长治"，为战后接收日军在华降舰中战斗力最强的一艘。该舰原为日本海军驻华舰队旗舰"宇治"("桥立"级河用炮舰)。舰身长80.52米,宽39.762米,吃水2.5米;排水量1 350吨,有可调整适应内河或外洋航行的压舱水柜。主机3 381千瓦,最高航速20节;原装备3门119.4毫米主炮(前双联装/后单装),8门25毫米机炮,深水炸弹施放轨,并有先进的火控仪器与雷达、声呐等,在当时算是十分先进的装备。

新中国海军早年的护卫舰群中最多的是日本战后赔偿中国的二型海防舰。共有4艘,即"济南""武昌""西安"与"长沙"号舰。其中"济南"原为国民党海军"威海"号舰,更早为日本海军的"海194"号舰。该舰是于1949年4月23日的"长江"号突围战中被解放军炮火击毁于江阴,后被新中国修复加入其海军服役,改名"济南"号,编号217。而"武昌""西安"与"长沙"号3艘舰原为日本海军的"海14""海192"与"海118"号,3艘舰作为战后赔偿舰由国民党海军在上海接收,改名为"接5""接14"与"接12"号。其中"接5""接14"两艘舰接收后于1948年6月26日由国民党行政院转交浙江外海水警局作为巡逻船,但该局发现无法接手后,又于1948年12月底在上海交还国民党海军第一军区,此后两艘舰即留置在上海黄浦江畔成为废锈船壳,直至1950年5月被新中国海军征用,于整修加装火炮后命名为"武昌"与"西安"号。"接12"舰则于1948年6月26日交教育部转交国立海事学校作为练习船,1949年5月亦留置在上海为新中国接收,改名"长沙"号,编号216。

新中国海军护卫舰群中排名第二的是日本海军一型海防舰,即"沈阳"与"南宁"号。"沈阳"舰原为国民党海军"黄安"号舰,更早为日本海军的"海81"号舰。该舰于1949年2月12日由舰务官鞠庆珍率官兵65人于青岛投诚,是第一艘投诚的舰艇。至于"南宁"则非战争赔偿舰,而是在战时的1944年11月

14日，日军"海7"号舰在南中国海上被美军潜艇轰掉舰艏后，日本人将之拖回广州黄埔港，因无修理价值而报废，新中国建政后在华南地区急需大型船舰，故又将其整修使用。

除了日制舰艇外，新中国海军最初装备护卫舰还有许多是来自英、加、澳等国的英式军舰，如"广州""开封""临沂"与"洛阳"号等。新中国海军能获得这批西方舰艇的主要原因是在解放初期通过港澳地区对外贸易渠道尚属畅通，新中国便以商船名义大量购进"二战"后的废旧舰艇，共获得了48艘。但到了1950年6月情况发生变化，当时已购得的4艘护卫舰与4艘扫雷舰被英国政府下令暂缓出口，到了1951年又有4艘护卫舰与3艘铁壳扫雷舰，因朝鲜战争爆发封锁无法驶往内地，最后这批船舰始终未能交到新中国手中。

中国人民解放军海军建军之初，除了上述老旧的护卫舰之外，新中国海军装备的还有老旧的炮艇。如"延安""长江""瑞金""兴国""淮阳""遵义""邯郸""盐城""珠江""湘江""嫩江""闽江""怒江""乌江"和"涪江"号等。这些所谓的炮艇既包括旧式海防炮艇，还包括改装代用炮艇和河用浅水炮艇等，品种十分庞杂。

新中国海军建立之初，所使用的军舰等武器装备基本上是中小型舰艇，不仅型号十分老旧，来源种类复杂，而且保养与状况皆不佳，战斗力十分低下，所以在成立之初，我国海军很少正面与国民党军队舰艇正面交锋。直到1954年新中国与苏联签订"六四协议"之后，从苏联获得了驱逐舰、潜艇、扫雷舰、驱潜艇等大量现代舰艇，尤其以苏制K-123鱼雷艇搭配自制的55甲高速护卫艇采取"狼群突袭"战术后，国民党的大型舰艇才开始感受到威胁。

（二）造舰高潮

纵观中国人民解放军海军60多年的发展历程，总体上经历了三个大的发展阶段：

第一阶段：20世纪五六十年代，中国海军只能实施近岸防御，用快艇等小型舰艇在距海岸仅几十海里处打一些小仗。

第二阶段：改革开放至20世纪末，海军进一步发展为近海防御，又因舰艇吨位小，技术落后难以远航，远离大陆的海岛也无力掌控。

第三阶段：进入21世纪后，中国海军舰队迅速壮大，并在远航能力方面有了质的飞跃，从黄水走向蓝水，成为当今保障中华民族和平发展的重要力量。

与中国海军的这三个发展阶段相对应，我国海军有过所谓的三次大的造舰高潮。

第一次造舰高潮：20世纪50年代中期至60年代中期。我国从大量制造引进苏式舰艇到全面独立地研制国产舰艇，初步形成了独立自主的海军武器装备研制发展能力，构建了近岸防御的海军装备体系。

第二次造舰高潮：20世纪60年代末至80年代末。全球冷战后期，中国为应对超级大国的军事压力和全面实现"四个现代化"，独立自主地研制发展了包括导弹驱逐舰、导弹护卫舰、导弹快艇以及弹道导弹核潜艇、核攻击潜艇、常规潜艇等在内的新型海军武器装备，构建了近海防御的海军装备体系，形成了近海防御能力，以新型驱逐舰、新型潜艇、新型战斗机为代表的新一代主战装备，以及与其相配套的新型导弹、鱼雷、舰炮，电子战装备等武器系统陆续交付使用。人民海军已拥有导弹驱逐舰、导弹护卫舰、导弹护卫艇、导弹快艇、猎潜艇、常规潜艇和核潜艇等主战舰艇，质量不断提高。海军航空兵现已装备了轰炸机、巡逻机、电子干扰机、水上飞机、运输机等勤务飞机。海防导弹形成系列，不仅有岸对舰导弹、舰对舰导弹，还有舰对空导弹、空对舰导弹、空对空导弹等。

第三次造舰高潮：20世纪90年代历次局部战争之后。海湾战争、科索沃战争、阿富汗战争后，特别是伊拉克战争后，使我们充分认识到了海军在打赢现代局部战争的重要作用，为维护国家安全和领土主权的完整，为适应国家战略利益拓展的实际需要，我国开展了先进的第三代船舶装备的研制和开发，先后研制并装备了第三代导弹驱逐舰、导弹护卫舰、导弹快艇，以及新型常规潜艇、弹道导弹核潜艇、核攻击潜艇等先进海军武器装备，特别是"辽宁"号航空母舰的下水，国产航空母舰和大型导弹驱逐舰的建设，使我海军的作战能力迅速从近海向远海扩展，近海防御、远海防卫的新型海军武器装备体系正在形成。

目前，我国海军正在延续的第三次造舰高潮，是与我国安全环境的变化，特别是世界新军事革命的发展等息息相关。20世纪90年代之后，一方面，冷战结束所导致的国际战略格局的巨大变化，周边安全环境日益复杂，安全威胁特别是来自海上的安全威胁和挑战与日俱增。现代局部战争实践已经充分证明，现代信息化战争，是陆、海、空、天、电多维一体的战争，海军在维护国家安全，特别是日益拓展的国家利益中的地位作用直线上升。另一方面，随着以信息技术为核心的高技术的迅猛发展及其在军事领域的广泛应用，特别是一大批高技术武器装备的出现和战场使用，已经使现代战争的面貌发生了深刻的变化，战争形态从传统的机械化战争向全新的信息化战争转变，世界军事领域一场以信息化为核心的军事革命正在蓬勃兴起。为了迎接世界军事革命的挑战，加快中国特色军事革命的进程，作为维护国家安全统一和战略利益拓展主要力量的海军，必然迎来一个新的发展高潮。与此同时，在改革开放后，中国造船工业采取军民结合、寓军于民的发展模式，已为蓝水海军的建设奠定了良好的基础。

（三）三个转变

新中国成立以来，为了满足国家安全的需要，适应军事战略的调整和海洋军事斗争的要求，我国海军武器装备的发展方向和重点进行了多次调整,与此相适应,海军各兵种的武器装备建设进行了三次大转型。

第一次转变:20世纪50年代从"万国牌"海军装备体系向仿制转变。20世纪50年代初期,我国海军各兵种武器装备没有正规来源,制式繁杂。以后,在苏联的援助下,建立了自己的军用造船工业基础,仿制了多种型号的鱼雷快艇、高速巡逻炮艇、轻型护卫舰、潜艇、反舰导弹等近岸海战装备。

第二次转变:20世纪60年代,从仿制到自行研制的转变。1960年,中苏关系破裂后,我国国防科技工作者奋发图强、自力更生,自主研发了许多急需的海战武器装备,不但自行批量生产了高速导弹艇、护卫艇、猎潜艇、常规潜艇、军辅船等传统武器,而且成功研制了导弹护卫舰、导弹驱逐舰、超音速喷气式战斗机、水上飞机、核潜艇、潜射战略导弹、超视距岸舰导弹、水陆两栖坦克等各种五大兵种急需的新型装备,形成了海军武器装备的基本体系。

第三次转变:从传统海战武器向现代高技术海战武器的转变。改革开放以来,特别是"八五"时期后,国家和军队集中人力、财力和科技力量,重点对海军的一些高新技术项目和关键技术环节进行了攻关,使一批高新技术成果用于急需的海战装备建设,一批新型武器装备提前完成研制并交付海军各兵种的部队使用。数字网络技术和各型舰载自动化指挥系统进入成熟应用阶段;导弹技术取得重要突破;新型导弹护卫舰、导弹驱逐舰、隐身导弹艇、新型常规潜艇、高性能岸基作战飞机、舰载直升机等不断问世,远海补给船装备整体水平有较大提高,等等。这些进步较大地提高了当代中国海军远海综合作战能力的现代化水平。

高技术的新型信息化海战武器装备又好又快地发展,为改善海军舰队结构提供了物质基础。这个大发展,特别是新一代核潜艇的顺利发展,增强了在海洋世界中国海军海基战略核反击自卫作战的能力。1970年,中国第一艘核潜艇下水;1981年,第一艘国产导弹核潜艇下水。同时老旧的潜艇也被更加新型的国产潜艇和俄制的"基洛"级潜艇所替代。

(四) 走向深蓝

一直到20世纪末,中国海军的实力不要说与西方海军大国相比,就是与亚太区的日韩海军相比,也有不小差距。在20世纪90年代,中国海军大型水面战舰不仅量少而且技术落后,中国海军的三大舰队只有数艘051型驱逐舰,当时也是极度缺乏防空能力。

进入21世纪,中国海军开始发力,现代化的新型驱逐舰、护卫舰进入了批量生产的阶段。2000年开始建造的052B型通用驱逐舰开启了新一轮的造舰高潮,接着,被外界称为"中华神盾"的052C型防空驱逐舰也相继服役,这是中国海军第一款安装大型有源相控阵雷达以及采用防空导弹舰载垂直发射系统的战舰,使中国海军第一次拥有远程的区域防空能力。

为了加强渤海及黄海海域延伸首都防御圈的区域防空,提供海基及反弹道导弹拦截能力,装备有俄制S-300F舰载防空导弹系统的051C型驱逐舰115"沈阳"号和116"石家庄"号先后于2006年和2008年加入北海舰队,该型舰被军迷誉为"中华俄式神盾"舰。

除了驱逐舰,中国海军的护卫舰也发生了巨大的变化,出现了全面的技术进步,实现了隐身化和信息化,反潜和防空能力较053系列护卫舰有了明显提升。2003年,中国海军第一款隐身护卫舰054型525"马鞍山"号和526"温州"号下水,在经过验证新的技术之后,改进型的054A很快也问世,从2005年开始批量生产,少则年产一两艘,多则达到年产四艘,呈现"井喷"的状态,到054A型全部服役后,054和054A型共列装十多艘,大大充实中国海军的实力。

在舰载武器方面,中国海军也有了质的飞跃。新型驱逐舰满载排水量都在七千吨上下，配备有世界先进的"鹰击"系列远程反舰导弹，采用垂直发射系统，安装有"海红"系列远程防空导弹；054A 型护卫舰满载排水量 4 500 吨，装备有"海红—16"中程防空导弹，与"海红—10"近程防空导弹和 730 近防炮搭配使用，形成了远中近程、高中低空的海上编队防空网。

进入 21 世纪之后，中国海军的造舰狂潮令世界为之惊叹，不仅欧洲的几个老牌海军大国望尘莫及，就连当今唯一的超级大国也羡慕不已！这些驰骋大海的威武战舰，由它们组成一支支规模庞大的联合舰队，巡弋在祖国的万里海疆，守卫着神圣的海洋国土，并以坚定的步伐走向远洋、走向深蓝！在不久的将来，中国海军将会以一个崭新的面貌呈现在世人面前，其整体作战能力将会跃上一个新台阶，虽然仍不能与美国海军平分秋色，但在亚洲海军中基本可以稳坐第一把交椅，是自甲午战争以后中国拥有的最为强大的一支海上力量！时至今日，中国海军从北到南，从空中到水面再到水下，整体实力已今非昔比，任何一个对手也不敢小看。

航空母舰、大型驱逐舰、大型登陆舰等大型作战舰艇的出现，使终于完成了始于近岸、成于近海的中国海军，大踏步地走向深蓝，完成了海军发展史上的新的蜕变。

2012 年 9 月 25 日，中国第一艘航母"辽宁"舰正式交付海军服役，标志着中国海军从近海型向远洋型的华丽转身，仅仅过去了两个月，2012 年 11 月 23 日，航母舰载机歼－15 顺利降落在"辽宁"舰的甲板上，大大出乎众多军事专家的意料之外，此前有西方专家预言，"辽宁"舰要想真正形成战斗力最快也要等到 2020 年，他们太低估了中国海军的巨大潜力和只争朝夕的拼搏精神，因而所谓的权威分析往往在事实面前不堪一击！到 2017 年 1 月，以"辽宁"舰为核心的航母战斗群，西出太平洋，到达南海，并经过台湾海峡返回基地，实现"四海"连续巡航，已经初步具备整体的作战能力，以其为中心组建的中国海军第一个航母作战群将正式成军！仅用短短的 1 560 天，就完成了从零起点到形成初始作战能力的华丽变身！

与此同时，与航母配套的各型舰艇也在紧锣密鼓地赶造。054A 型护卫舰建造速度加快，享有"中华神盾"舰美誉的 052C 型在原有两艘的基础上，新造的舰艇陆续交付，更令人关注的是，最新一代的 052D 型首舰 2012 年已经下水，此型舰技术先进，打击力量强大，对舰、对空、对地、反潜导弹一应俱全，被喻为"海上武库"。

自从 2007 年 11 月底 071 型船坞登陆舰入列之后，陆续有多艘 071 型船坞登陆舰交付各个舰队，大量 071 型船坞登陆舰列装之后，我国海军的远洋投送能力将大大增强。更为可喜的是，中国海军 4 万吨级的两栖攻击舰建造计划已经浮出水面。

2014 年 3 月 21 日，是一个令人欢欣鼓舞的日子，中国海军最新一代的 052D 型驱逐舰首舰在江南长兴造船厂下水，这是中国海军大型水面舰艇建设的一个伟大里程碑！052D 型的综合作战能力非常强大，体现了技术新、火力猛的特点：技术新是指采用了新型主动相控阵雷达，新型综合指挥作战系统；火力猛体现在除了装备反舰、反潜、防空导弹外，还首次装备攻陆巡航导弹，以及采用了 64 单元的新型导弹垂直发射系统，该系统具备每单元可以连续发射 4 枚导弹的能力，10 艘 052D 型驱逐舰就可以同时发射上千枚导弹，这种饱和攻击任何现今世界上哪国海军力量都承受不住。美国海军情报分析人士指出，中国海军一旦列装 052D 型驱逐舰，其实力将完全超越日韩海军！

从 2013 年 1 月 31 日起，"长春"舰、"郑州"舰、"西安"舰等 052C 新型导弹驱逐舰先后服役，因其出色的区域防空和超视距打击能力，被军迷网友誉为"中华神盾"；从 2014 年 3 月 21 日起，"昆明"舰、"合肥"舰、"西宁"舰等 052D 新型导弹驱逐舰陆续入列，增强了水面战斗舰艇编队的区域防空和对海打击能力；还有舰载战斗机批量交付，新型战斗机整建制改装，舰载预警机、舰载直升机家庭再添新成员。这一系列的海军装备建设发展，既令国人振奋，也使我国海军武器装备整体水平迈上了一个新的台阶。

2015年是观察中国海军武器装备整体水平全面提升的一个重要指标年份。此时，054A型护卫舰和052C型驱逐舰基本量产完成，全面转入052D型驱逐舰，万吨级的055大型驱逐舰，071型船坞登陆舰，4万吨级075型两栖攻击舰，特别是国产航母001A等大型水面舰艇，以及新型常规潜艇和新型战略核潜艇的建设。到2017年4月，在不到两年的时间里，海军武器装备又取得了一系列突出的成就。至少有多艘052D型驱逐舰和071型船坞登陆舰服役。2017年4月26日，国产航空母舰001A胜利下水。075型两栖攻击舰、055大型驱逐舰进展顺利。此时，我国海军武器装备不论是整体数量还是整体水平都可以稳居亚洲先进行列，足以应对侵犯我国海洋国土、损害我国海洋权益的各种挑衅，确保中国领海和海洋权益的安全。

三、攻防兼备的空军武器装备

空军武器装备是维护国家安全统一，特别是领空安全，打赢信息化战争的重要物质手段。经过新中国成立60多年的努力，我国空军武器装备已经形成以三代及二代改主战飞机和新型地空导弹为骨干，以区域网络化信息系统为支撑，攻防兼备的空军武器装备体系。在超视距空空攻击、空中预警和区域防空能力方面有较大突破。

（一）艰难起飞

建设强大的空中力量，是中国共产党人不懈奋斗的目标。在建党之初，富有远见卓识的中国共产党人曾派人到苏联专门学习飞行；抗日战争时期，派出40人到新疆盛世才航空队学习飞行；解放战争时期，创办了我军的第一个航空学校。

早在人民空军成立之前，空军武器装备建设就着手进行了。1945年8月15日，当日本政府宣布无条件投降后，党中央立即派出两路人马，奔赴东北各地，接受、寻找日军遗留下的飞机、航空器材，留用逃亡的日军航空飞行、技术人员，为组建航校作准备。不到两个月的时间，他们用收集的航空器材就组装起了100多架飞机。于是，开始了新中国人民空军武器装备发展的艰难历程。

60多年风雨兼程，60多年剑啸长空。人民空军武器装备实现了跨越发展，以自己崭新的面貌呈现在世界面前……

1949年10月1日下午3时，中华人民共和国开国大典正式举行。下午4时35分，5个空中梯队编队，由东往西飞过天安门上空。

参加此次受阅的5型17架飞机，是筹建中的人民空军武器装备首次精彩亮相，成为共和国历史上光辉的一瞬。

1949年9月21日，在中国人民政治协商会议第一届全体会议上，毛泽东主席向世界宣布：我们将不但有一个强大的陆军，而且有一个强大的空军和一个强大的海军。

以毛泽东为核心的党的第一代领导集体非常重视空军装备建设，毛泽东提出派人去苏联学习，购置一些飞机，组建空军部队。根据中共中央与苏共中央达成的协议，1949年8月，刘亚楼率团赴莫斯科洽谈进口苏联军用飞机等问题。同年10月，我国从苏联购进了第一批20架雅克12飞机，到年底，共从苏联进口各型飞机185架。

1949年11月11日，在中华人民共和国成立40天后，沉浸在喜悦中的新中国又迎来了一个喜庆的日子，中国人民解放军空军在北京正式成立。从此，人民空军开启了武器装备建设新的历程。

1950年12月，周恩来总理指出：我国是拥有960万平方千米的国家，要有强大的人民空军来保卫，光靠买人家的飞机不行，必须从中国的实际出发，建立自己的航空工业。

然而，由于没有必要的航空工业基础，组建之初的人民空军主要还是靠引进苏联的武器装备。特别是为了满足抗美援朝战争的需要，1950~1954年，我国从苏联引进了米格-21等各型飞机3 000多架，依靠引进的这些当时世界上最先进的作战飞机，人民空军的作战能力得到了第一次飞跃。

1950年，刚刚诞生未满周岁的人民空军飞行员，就驾驭各型还不十分熟悉的战机，奉命开赴朝鲜战场，勇敢地面对拥有1 100余架先进作战飞机的以美国为首的联合军，年轻的志愿军空军以极大劣势与世界头号空中强敌展开了殊死的战斗，取得了令对手都大为赞叹的辉煌战果。

为提高装备保障能力，志愿军空军广大机务人员发挥聪明才智，边学习技术，边深入钻研，改进仪器、工具和工作方法；航材、军械人员挖掘潜力、因陋就简，多方筹措器材、弹药，在很短的时间内，研究解决了空中安全投副油箱、保证空中开车可靠、检修助力器引动较大的技术难题，确保了志愿军空军与强敌空战的胜利，取得了击落敌机330架、击伤95架的辉煌战绩。

对此，就连美国空军参谋长不得不在1951年11月21日的记者招待会上惊呼：共产党中国几乎在一夜之间就变成了世界上主要空军强国之一。

自此，世界的目光开始聚焦，永远记住了这支年轻的空中力量。年轻的人民空军在血与火的考验中登上了世界空军的舞台。

（二）引进仿制

几乎在战争废墟上建立起来的新中国，一穷二白，工业基础十分薄弱，航空工业几为空白。为了在落后的农业社会基础上建设强大的空军，人民空军与工业部门共同努力，在大量引进苏联

第三章　辉煌的建设成就

航空武器装备的同时，在苏联的支援下开始了国内航空工业的建设和空军武器装备的生产。当时的军委和空军领导反复强调，要把空军和航空工业、使用和制造当成一个整体，共同搞好航空工业，发展人民空军。人民空军的武器装备自此开始了引进仿制的发展历程。

早在新中国成立之初，以毛泽东为核心的党的第一代领导集体以战略家的眼光敏锐感到：依靠进口飞机虽然解决了空军初建时期的装备急需，但从长远看，要建设强大的人民空军，必须走武器装备国产化道路。

1951年，刚刚成立的航空工业局就制定规划：3年制造出雅克-18型飞机（后来命名为初教-5），5年制造出米格喷气式歼击机。

航空工业初建时期，需要大批干部和技术骨干。空军在缺少干部和技术人员的情况下，还是决定抽调一批技术干部到航空工业部门担任领导职务，支持航空工业建设。其后，1953～1955年，又选调了上千名具有一定实际工作经验的干部，到航空工业部门工作，还协助飞机制造工厂和研究部门组建了相应的试飞机构。

航空工业和空军联手发展武器装备的举措，迅速取得实效。1954年1月，我国航空工作者艰苦奋战，在南昌成功仿制出以苏联雅克-18为原型机的教练机"初教-5"，1954年6月30日，第一架雅克-18飞机进入试飞站试飞，7月3日首次升空，试飞取得圆满成功。这是新中国生产的第一架飞机。同年的8月1日，毛主席在贺电中指出：这在建立我国的飞机制造业和增强国防力量上都是一个良好的开端。

1956年7月19日开始，历时15天，"中0101"号米格-17埃夫型在沈阳飞机厂完成试飞，当时被命名为56式，之后命名为歼-5。1956年9月9日，《人民日报》向全国人民及全世界宣告:"我国试制成功新型喷气式飞机。"① 1956年7月19日,第一架喷气式歼击机的仿制成功,使我国成为当时世界上少数几个掌握喷气式飞机制造技术的国家之一,标志着中国航空工业一跃进入了喷气时代。

1958年7月26日,新中国自行设计制造的第一种喷气式飞机歼教1完成了首飞,它代表了我国航空工业发展阶段上的技术水平,是我国航空工业史上的一个重要机型。

(三) 自行研制

1960年,中苏关系破裂之后,航空工业的广大工作者,发扬自力更生、艰苦奋斗的精神,克服重重困难,攻克众多难关,开始了我国空军武器装备自行研制的发展历程,取得了一个又一个辉煌的成就。

1962年,我国第一种自行设计的飞机——初教-6飞机开始装备航空兵部队。

1964年,是个伟大的年份,这一年,在我国历史上生产数量最多、服役时间最长的歼-6飞机出世,它是我国自行制造的第一种超声速喷气式歼击机。

歼-6在我国空军的历史上是威名赫赫、战绩辉煌的一型作战飞机。在20世纪六七十年代,歼-6和红旗2共同支撑起中国国土防空网。它是中国第一种超音速战斗机,其个头小、重量轻、推重比大,因此机动性非常好,近距离空战性能优越。歼-6是根据苏联米格-19仿制和发展的,1958年开始研制,1964年首批交付,一直到1983年停产。歼-6推重比达0.86,中后期改进型全机推重比更是高达0.988,因而拥有非凡的爬升率,可以在1分06秒内爬升到10 000米高度,比同期的美国早期作为空优战机使用的F-100还要强。

---

① 人民日报,1956年9月9日。

在国土防空作战中，仅 1964~1968 年，歼-6 先后击落包括 RF-101A、F-104C、QM-147G 火蜂高空无人侦察机、F-4C、RA-3D、A-6A 等机型的 21 架敌机，而自己没有一架被击落。同时，歼-6 是当时中国航空工业能够拿出的最好的机型，是最符合当时中国国土防空理论的机型，也是一款成功的机型。创造了中国空军和海军航空兵装备数量最多、服役最长、战果最辉煌的机型。在解放军空军历史上留下了浓墨重彩的一笔。

1967 年 6 月，我国又仿制成功米格-21 型飞机，后命名为歼-7，并陆续列装部队。

1969 年 7 月 5 日，我国自行设计制造的第一种高空高速歼击机——歼-8 飞上蓝天。这标志着我国已经完全具备了自行研制新型歼击机的实力，空军装备建设发展进入到一个新的阶段。

在抓好飞机研制的同时，空军的地空导弹、高炮、雷达等武器装备，也都走出了购买、仿制、自行设计制造的路子。

1958 年 8 月~1964 年，我国成功仿制出"霹雳-1 号"空空导弹，1965 年装备部队。

1959 年开始，经过 6 年努力仿制成功了"红旗-1 号"地空导弹，1965 年装备部队。

1965 年 10 月，"霹雳-2 号"空空导弹研制成功。

在较短的时间内，空军与航空工业战线的广大同志，团结协作，拼搏进取，克服重重困难，奋力突破了一大批航空装备发展的重大技术难题，初步摸索出了一条自行研制发展武器装备的路子，逐步实现了我国第二代装备的自主研发和生产能力。

（四）变革腾飞

十一届三中全会以后，空军武器装备建设进入发展新时期。进入 20 世纪 90 年代，面对世界军事革命的挑战，党中央、中央军委高瞻远瞩，审时度势，制定了新时期军事战略方针，推动军队建设实现"两个转变"，并把科技强军和质量建军作为新时期军队建设的基本方针。

60多年风霜雪雨，半个多世纪硕果盈枝。空军武器装备建设经过半个多世纪的风雨历程，发生了根本性转变。

——体系结构优化完善。由普通武器装备的规模数量型正在向高性能装备的质量效能型转变；由只能应付一般战争正在向能打赢信息化的局部战争的需要转变。

——保障能力显著提高。建成了具有一定规模、具有较强修理能力、基本适应航空兵部队作战、训练需要，生产、科研、供应、职工教育配套的航空修理系统。

——法规建设逐步健全。制定颁发《空军装备管理工作条例》，建立起与指挥体系相对应、与作战要求和装备发展相适应、层次比较合理、结构比较完整的工作体系。

志在蓝天揽日月。今天的人民空军装备建设，正迎着世界军事革命新的挑战，向着更高的目标迈进，人民空军必将建立起与我国大国地位相适应的武器装备体系，为实现中华民族的伟大复兴提供强大的安全保障。

（五）展示风采

应该说一部阅兵史，就是一部军队发展的微缩历史，也是空军武器装备发展的充分展示。从1949年新中国成立的开国大典，到2017年的"八一"胜利日阅兵，中国人民解放军空军的16次精彩亮相，是一部伟大的空军武器装备的发展历史史诗。今天，我们将简要的回顾这段历史，去追溯这段历史背后的我国空军武器装备的发展脉络。

1949年新中国开国大典，此时的解放军空军还没有成立，新生的人民政府航空局接受了数百架国民政府的美式战斗机、运输机等飞机，组建了自己的第一支航空队。这次阅兵中，美国的P-51野马、英国的蚊式飞机等第二次世界大战著名型号的飞机，相继飞过天安门上空接受检阅，显示了在新旧政权交替之际，当时的中国空军依然在使用旧政权的美式飞机来维护自己的领空。毕竟，这些飞机都是进口的。毕竟，当时的国民政府几乎没有自己的航空工业！

1950年的阅兵，我国空军展示的武器装备还是以苏式飞机为主。随着新中国成立之后，国家外交全面转向了苏联，中国的空中力量开始打上了浓厚的苏联色彩，一直延续到世纪交替之时。如军区空军编制，地面雷达指挥等。1950年阅兵时，新生的人民空军除了继续使用旧政府的美国飞机外，从苏联进口的飞机开始成为空军装备的主体。图-2、拉-11、米格-15等"二战"名机和苏联最新的喷气式飞机陆续装备人民空军。1950年的阅兵，空军就有图-2和拉-9两种型号的飞机接受检阅，只不过这次阅兵出去的飞机数量太少，只有区区28架，不足以映衬一个大国空军的风采。

1951年的阅兵，飞机的数量和种类都有大幅度的增加。随着朝鲜战争的爆发，中国空军的武器装备建设速度超过了旧中国20多年的水平，空军部队的也大幅度扩张，一大批陆军步兵师改编为空军航空兵师，大批初小、高小毕业的学生进入航校进行突击训练，以应对朝鲜战争的大规模空战。空军武器装备水平的提高和整体规模的迅速扩大，在1951的阅兵式上可以显示出来。1951年，空军组织拉-9、拉-11、伊尔-10、米格-15、图-2等各种型号的飞机138架，庞大的飞行编队飞过了天安门。

1952年的阅兵，飞机数量又有了新的增长，共计153架，达到了历史的新高。随着大量苏式作战飞机的引进和装备，人民空军的武器装备水平和整体作战能力有了新的提高。有人说，如果没有美军对台湾的直接驻军，以1952年时期空军武器装备的水平和整体作战，问题都不大了。

1953年的阅兵，人民空军只有96架飞机飞过天安门，与1952年相比，数量大幅度减少，质量却有飞跃性提高。因为这次阅兵飞过了天安门的是米格-15和伊尔-28。米格-15是我国装备的第一代喷气式战斗机,标志着我国人民空军正式开始告别活塞式飞机,进入全新的喷气式时代。随着喷气式飞机的迅速换装,活塞式飞机退出了阅兵舞台,仅仅四年时间,中国空军走完了西方国家40年从活塞式到喷气式的转变,不能不说是一次巨大的飞跃。

1955年的阅兵,空军首次展示了新型喷气式作战飞机——米格-17飞机。随着新中国航空工业的迅速建立,作战飞机的仿制工作快速展开,我国人民空军的武器装备水平整体紧跟苏联老大哥阔步前进。1955年阅兵时空军首次展示的米格-17喷气式飞机,经过仿制之后,正式命名为歼-5战斗机。

1957年的阅兵,我国仿制生产的歼-5首次亮相。紧接着,米格-19战斗机也开始进入中国开始仿制,图-16轰炸机也进入中国进行仿制。

1959年的阅兵,刚刚从苏联进口的米格-19战斗机飞过了天安门上空。中国空军以10年的发展,完成了西方国家40多年的道路。

1961年的阅兵,展示的飞机与1959年基本相同。此时米格-21进口完成并开始仿制。此后整整20多年时,尽管没有进行阅兵,但中国航空工业还是在加速发展。甚至到"文化大革命"期间,中国的航空工业还是在动乱中奋勇前行,独立自主,自力更生,依靠自己的力量先后研制开发了多型具有世界水准的作战飞机。歼-12、歼-13、歼-9、空警一号、轰-8四发喷气式轰炸机、强-6等新型作战飞机,不是在给出了图纸,就是造出了样机。其中歼-13的作战水平甚至达到了美军F-14"雄猫"战斗机的水平。然而,由于当时对空军的战略地位缺乏正确的认知,加上政治、经济、技术等其他一系列原因,空军的武器装备在20多年一直没有取得实质性的进展,直至改革开放以后,仍然有3 000多架歼-6服役于空军部队,空军的武器装备与世界先进水平之间的差距明显拉开了。

第三章 辉煌的建设成就

1984年，时隔23年之后，我国举办了第12次国庆阅兵，包括强-5、歼-7、轰-6等型号的超音速喷气式飞机接受了检阅。但是，此时的人民空军武器装备与世界先进水平的差距十分巨大，其技水平的落后程度令人们震惊。20世纪80年代，世界各国普遍装备了第三代喷气式作战飞机，而此时的中国空军的作战飞机还处于一代到二代交接的阶段，一旦爆发战争，后果不堪设想。更要命的是，20世纪90年代初期，台湾当局购买了150架F-16和60架幻影-2000，这些都具有世界先进水平的三代作战飞机，加上100架自行研制具有二代以上水平的IDF"经国"号，先进作战飞机的总数达到340架。这些先进作战飞机与引进的美国E-2T预警机相互配合，两岸的空中对抗局势一下子严重失衡了，台独势力极其猖狂！此时，人民空军的发展不能没有三代战斗机，军事斗争准备更不能没有三代战斗机了。这个紧要的关头，苏-27战斗机的加入开始扭转这个不利的现实。20世纪90年代初，国际格局发生了深刻的变化，苏联解体，中国与俄罗斯关系的缓和，我们趁机从俄罗斯引进了先进的第三代作战飞机——苏-27，在一定程度上适应了军事斗争准备的急需。

1999年的阅兵，多用途战斗轰炸机"飞豹"歼轰-7、歼-8D、苏-27等二代以上作战飞机接受了检阅。虽然引进了一定数量的苏-27，而此时，中国空军在武器装备上还是以二代作战飞机为主，由于没有预警机、电子战飞机，一旦面临空袭，少量的苏-27可能面临的是南联盟米格-29面对美军空袭时的被动局面。在这种局面下，中央果断决策，加大武器装备研制开发的经费投入，实施"高新技术工程"，加快包括空军武器装备在内的全军武器装备发展的步伐。利用这一有利时机，中国航空人奋起直追，力争打造战略空军的制敌利器。随着"高新技术工程"的实施，空军武器装备的发展进入了前所未有的快车道，大批新型高技术空战武器装备研制成功。歼-10系列、歼-11系列作战飞机、空警-2000、空警-200预警机，以及红旗-9、红旗-16防空导弹等一大批新型空战武器装备的入列，空军武器装备有了彻底的改观，空军的战斗力随之也有了质的飞跃。

2009年的阅兵，研制列装的空警-2000、空警-200、歼10等新型作战飞机出现在天安门。随着空警-2000、空警-200、歼-10等作战飞机的列装，我国空军的新型武器装备体系初见雏形，我国空军的体系化建设成就斐然。只有到此时，我们才真正掌握了军事斗争急需的空战武器装备，可以自豪地说，中国空军不会重演叙利亚贝卡谷地的悲剧了。尤其是空警-2000的出现，使我国空军的空战体系才真正形成。

2016年9月3日，是我国首次举行的反法西斯战争暨抗日战争胜利日阅兵。在这场举世瞩目的阅兵式上，除了改进型的歼-10、歼-11之外，还有大量新型作战飞机出现，标志着人民空军的空中攻击能力又有了新的提升。除了空警-200、空警-200之外，新型的空警-500的出现，表明了我国人民空军的预警指挥控制能力有了新的加强。高新4号指挥机、运-8电子侦察机等电子战飞机的横空出世，显示了中国空军建立信息化空中力量的坚强决心。而轰-6K的出现，标志了空军战略打击部队的诞生！我们终于拥有了空中战略打击力量，可以对任何侵略者实施远程打击。如果说2009年，只是体现空军武器装备体系化建设的雏形，那么，这次"胜利日"阅兵，则标志着空军"空天一体、攻防兼备"武器装备体系，人民空军体系化建设已经走向了成熟。

2017年8月1日，在中国人民解放军建军90周年的伟大日子里，一场盛大的沙场阅兵，在成吉思汗曾经扬鞭跃马的古战场上气势磅礴地展开。铁流滚滚，风尘仆仆，9个作战群，34个装备方队，在主席台前驶过，接受习主席检阅，集中体现了我军建设信息主导、体系支撑、精兵作战、联合制胜的新特点，充分展示我军调整后的新变化、新阵容、新格局、新气象，全面凸显了我国国防科技和武器装备建设的新面貌、新结构、新能力、新成果。在由空中突击梯队、坦克方队、步兵战车方队、自行火炮方队、反坦克导弹方队组成的地面作战群中，直-10和直-19武装直升机、直-8B运输直升机、99A主战坦克、04A履带式步兵战车、08轮式步兵战车、07式122毫米自行榴弹炮、05A型155毫米自行加榴炮、03式300毫米远程火箭炮、红箭-10远程反坦克导弹等我军批量列装的先进陆战装备集体亮相，标志着我军立体攻防的陆战装备体系已日趋成熟。而由反辐射无人机、电子侦察车、电子对抗车方队组成的信息作战群的闪亮登场，不仅标志着我军信息对抗能力的迅速提高，而且体现着我军信息化武器装备体系结构的进一步完善。作为此次阅兵的最大亮点，是新装备集中展示的空中作战群，包括歼-10B、歼-10C、歼-16、歼-20、运-20等一系列新机型，在阅兵场上首次亮相，引发世人的普遍关注，标志着我军由新一代作战飞机构成的现代强大的空中作战装备体系已横空出世。

2016年的"九三"阅兵，2017年"八一"阅兵，不到一年时间内，又有超过40%的新型武器装备出现在阅兵场上。如此迅猛的发展速度，标志着我国国防科技和武器装备发展达到了一个全新的水平，预示着我国国防科技和武器装备发展进入了新的历史阶段。

随着我国综合国力的增强和科技水平的提高，特别是航空工业整体能力的跃升，将有更多更新更好的空战武器装备走进我们的视野，人民空军将展示其越来越夺目的风采。

四、立体攻防的陆军武器装备

陆军武器装备是陆军作战的物质基础和技术支撑，是我军武器装备体系的重要组成部分。经过60多年的努力，我陆军武器装备已经发展成为由步兵装备、炮兵装备、防空兵装备、装甲兵装备、陆军航空兵装备和综合保障装备等组成的"全域机动，立体攻防"的陆军武器装备体系。

（一）步兵装备

步兵是我陆军最重要的兵种之一。步兵装备也是我陆军装备重要的组成部分。纵观我国步兵主要装备——枪械的发展历程，主要有如下几种主要型号。

1. 53式步枪。

在1949年新中国成立之时，步兵不仅是中国人民解放军陆军的主体，也是中国人民解放军的主体。当时我国步兵装备的主要装备——枪械装备，大多是在抗日战争和解放战争中缴获的，数量虽然很多，但类型非常庞杂，种类就有几十种之多，制式化的需求非常迫切。但由于当时百废待举，加之兵工政策失误，步兵装备的制式化还没有开始，就爆发了抗美援朝战争。朝鲜战争爆发时，才发现参战部队的武器五花八门，每个军光步枪就将近十种，于是在部队入朝前后，紧急与苏联签订了购买36个步兵师轻武器的协定（8 000万卢布），其中就包括大量的M1891/30步枪。

除了进口苏联轻武器，当时国内兵工厂也开始仿制苏联枪械，此时苏联正在撤装莫辛-纳甘步枪，于是就把莫辛-纳甘M1944卡宾枪的生产工具和技术资料卖给中国，在中国定型为1953式步骑枪，在1954年开始装备部队，其价格约为进口苏联枪支的一半。

53式步枪的生产在1960年被停止，部队也开始撤换成更新式的武器，但有许多53式在20世纪60年代期间支援给越南。53式骑枪与M1944有所不同，53式的准星座比M1944的要宽，刺刀座也与M1944有所不同。

2. 56式突击步枪。

中国56式冲锋枪，正式名称为1956年式冲锋枪，近年来也开始改称为突击步枪,是仿自苏联 AK47 型 7.62 毫米突击步枪,在 1956 年生产定型,研制小组的组长为赵瑞之工程师,由于当时我国的武器思想较为传统,因此把这种发射中间型威力枪弹的全自动武器定型时称为冲锋枪。

56 式 7.62 毫米自动步枪是仿制苏联 AK-47 型 7.62 毫米自动步枪的产品,1956 年生产定型,1963 年改型 56-1 式,1980 年改型 56-2 式,1991 年改型 QBZ56C 式。是我国生产和装备量最大的自动步枪,至今仍在装备部队。

56 式冲锋枪与 AK-47 突击步枪的性能基本一致,外形上稍有不同,例如,AK-47 的准星为半包式两侧护翼,而 56 式冲锋枪则为全包式的护环,护环顶端有开孔,56 式冲锋枪最特别的是采用了折叠式的三棱刺刀,充分发扬我军"刺刀见红"精神。这些是外观上最大的不同之处。56 式冲锋枪的枪托为木制固定枪托,在 1963 年又推出了仿制 AKS 的 56-1 式折叠枪托冲锋枪,枪托向下折叠。

除了装备本国军队外,56 式也曾大量出口其他国家,越南战争时的越南军队就大量使用 56 式。此外在很多其他第三世界国家,56 式均以其优秀的性价比而广受欢迎。

从 20 世纪 80 年代起,56 式逐步被 81 式所取代,渐渐退出了一线部队。

3. 56 式半自动步枪。

1956 年式半自动步枪,即 56 式半自动步枪,简称"56 半",是苏联 SKS 半自动卡宾枪的仿制品。为中国人民解放军第一支制式列装的半自动步枪,和 56 式班用机枪、56 式自动步枪统称 56 式枪族。

1985 年,56 式半自动步枪正式撤装,由 81 式步枪或 56 式冲锋枪取代。但 56 式半自动步枪仍装备民兵部队。现在,中国军队仅保留少数 56 式步枪作仪仗队的礼仪用枪。

4. 63式自动步枪。

63式自动步枪是中国自行研制的第一支自动步枪（在外国被误称为68式）。63式自动步枪的整体结构是以56式半自动步枪为基础的。其弹道性能、不可拆卸刺刀、木质长枪托、瞄准装置等均与56式半自动步枪相类似。为了实现单、连发射击，并提高点射精度（相对于56式冲锋枪而言），保证在各种环境、气候条件下的动作可靠性和射击寿命，对其主要结构重新进行了研制。

63式自动步枪是我国自行研制的第一支步枪。研制人员在认真分析56式武器的特点、结构的基础上，制定自动步枪的技术措施、结构方案。一边组建研究组织（研究所），一边筹划研制、试制、试验、测试手段（试验室，靶场等）。由于起点低，基础差，工作任务相当繁重，即使在这样的艰苦条件下，研制队伍仍然在63年完成了设计定型。国家命名为63式7.62毫米自动步枪。拥有56式半自动步枪的精度和56式冲锋枪的火力连续性。

63式自动步枪从1959年开始研制，1963年设计定型，1969年投入大量生产和装备部队，至1978年停产、撤装，近20年时间，共生产了数百万支，本来武器的更新换代是非常自然的事情，也是技术进步的必然结果，63式自动步枪所经过的道路却是由盛到衰的道路，由于不得已的原因遭到撤装的命运。1963年开始生产、装备63式，以代替56式半自动步枪。然而最终的结果却是停产，撤装63式，代之重新生产、装备56式半自动步枪。转了个圈又回到原地。63式是典型的"先天不足，后天失调"。1958年，有关军品科研、论证工作刚在开展，没有建立完善的规章制度，加上当时的形势就是"大干快上"。63式自动步枪的战术技术论证工作自然没有充分进行，研制定型的63式自动步枪并不符合战术要求。

5. 81式自动步枪。

81式枪族是1979年下达的研制任务，于1981年设计定型，在 1983 年正式投入大量生产。其研制目标是要用一个班用枪族取代正在装备的 56 式半自动步枪、56 式冲锋枪和 56 式轻机枪，但仍采用 56 式 7.62 毫米枪弹。由于在 1978 年已经正式决定我国将来会采用 5.8 毫米口径的小口径自动步枪，所以研制 81 式枪族的目的是在装备小口径步枪之前提供一种过渡型武器。但通过实战证明，81 式枪族是一种性能优良的武器，精度好、动作可靠、操作维护简便，在老山前线的战斗中表现良好。

81 式步枪在简化结构方面富有成效，例如，自动机、发射机、机匣等都比 56 式冲锋枪简单。以机匣为例，同样是冲铆机匣，81 式机匣的刚度、强度、制造工艺要好得多。机匣体由厚度 1.5 毫米 50 钢板冲压而成，盒形断面，形状简单，两侧突出大筋增加了刚度，前部与节套铆接，中部有中衬铁支撑，后部有尾座固定，机匣的刚度、强度得到保证，使用和生产中没有变形。机匣的导轨、创造性的只用一层，在机匣体冲压时形成，取消了一般枪机匣上均具有的下导轨，方便了生产。

81 式步枪忽视了结构的先进性，新材料、新工艺也不多，未要求安装光学瞄准具。连外观造型也没有独自的特点，有时国外就称其为 81 式 AK，甚至影响了外贸出口。产生这个问题的原因是有其历史背景的，因为在论证时已经给 81 式枪族定了位，就是一种"过渡性武器"，不需要更多新工艺，新设备、新技术投入，只要求能够较快地试制投产，要对原有产品有较好的工艺经济性和继承性。经过近 10 年的生产考核，在当时工艺、技术、设备落后的条件下，能够满足大批量生产并保证稳定的质量要求。设计上固然未能采用更多的新材料、新工艺、新技术。但其工艺经济性也是个符合中国国情的优点。

6. 86 式自动步枪。

86 式是我国为适应国外民用枪市场的需求，在国产 7.62 毫米 56 式冲锋枪的基础上研制的一种半自动步枪，其外观与国产 56 式冲锋枪截然不同，所以有人认为它是我国新研制的一种步枪，其实，86式的"内脏"部分与56式冲锋枪基本相同，各项性能指标也大同小异，只是不能连发射击而已。86式发射7.62×39毫米枪弹，采用单发发射方式，初速710米/秒，有效射程400米，弹匣容弹20发或30发，空枪重3.6千克。

86式的机匣部件由枪管座、机匣体、尾座、保险部件与护手等主要零（部）件组成。回转式刚性闭锁机构主要由枪闩、枪管、枪管座（机匣）等构成。枪闩头部有左右对称的闭锁凸耳。凸耳上有螺距为3毫米的闭锁螺旋面。弹匣主要由弹身区、托弹板、托弹簧、托弹盖、左右口板和前后扣板等组成。击发发射机构主要由击锤、击锤簧、击针、扳机、阻铁、击发机构轴和保险部件等组成。保险机构有安全保险和到位保险两种。击发机构采用回转式击锤。当然，86式也有一些不足，如横向尺寸大，难握持，射弹口径偏大等。但86式步枪的结构紧凑，储存和运输便利，对枪械收藏和狩猎爱好者极具诱惑力。

7. 87式自动步枪。

87式5.8毫米自动步枪是中国自行研制的第一代小口径步枪，它与87式5.8毫米班用机枪、87式5.8毫米普通弹统称为87式5.8毫米班用枪族武器系统。于1987年设计定型，故称87式。

中国在开发自己的5.8毫米小口径步枪弹时，为了稳妥，决定先将小口径枪弹套用于成熟的81式7.62毫米枪族上进行试验，87式自动步枪结构与81式自动步枪从外形上看有一定的继承和发展关系，在内部结构方面基本一致，口径改为5.8毫米。虽然87式自动步枪作为一种过渡产品没有批量生产，但作为中国研制的第一支小口径自动步枪，在自动步枪设计中使用了新材料，配合完成了5.8毫米枪弹的研制工作，解决了发射小口径枪弹存在的一些技术难题，为后来的95式枪族的研制工作奠定了坚实的基础。

87式步枪刚定型不久，工厂在1987年9月得到通知，上级决定立即将87式步枪改变外形，参加"国庆阅兵"。具体要求是：在保持87式步枪性能和内部结构不变的条件下，外形要与81式步枪有较大变化。一种改变后的步枪重新投产，至少要用两年的时间来实施制造工具、夹具、模具、量具和生产线的重新布设，但为了保证"国庆阅兵"的需要，1989年春，在工厂的积极努力下，经过国家靶场试验考核，按照武器定型管理程序，按时出厂了一批改型的5.8毫米步枪，及时交付了部队，该枪就是1987A式5.8毫米步枪。1987A式步枪被试验性地装备部队，但数量不多，而且最终被95式自动步枪所取代，它被取代的一个主要原因就是稳定性的不足。

5.8毫米的子弹有助于快速连击使得敌人行动受阻，即使穿着防弹衣，87式的低后座2连发也使敌人望而生畏，被击中者的停顿程度约是美制M4系列的两倍。该种子弹子弹头曾使用过微缩火药，曾在美伊战场上出现过，如果配合87式步枪，效果远比改装后的AK-47要好得多。

8. 95式自动步枪。

95式自动步枪（QBZ-95，QBZ为源自拼音"枪-步-自动"的类别代码），是由中国兵器装备集团公司208研究所研制的突击步枪，主设计师为中国工程院院士朵英贤，属于95式枪族的一部分，为目前中国人民解放军的制式自动步枪之一，它是中国研制的第二种小口径步枪，也是解放军第一种大规模列装部队的小口径自动步枪。

5.8毫米口径的95式是人民解放军步兵部队采用的最新式武器，它是为改善老旧87式的缺点而诞生。95式被设计成人民解放军的下一代攻击武器，这种步枪由聚合材料制成，重量轻、耐用，以气动和气冷机制确保射击时的准确与高射速。

95式能够满足解放军的各种需求，从基本的突击步枪到近战冲锋枪、乃至于班机枪。这种武器目前为人民解放军的特种部队、空降部队和海军陆战队采用。95式于1997年中国人民解放军驻军香港时首次公开亮相。

9. 03 式自动步枪。

03 式自动步枪是中国研制的一种小口径步枪。03 式 5.8 毫米折叠托自动步枪作为我国最新研制的单兵作战武器，其机构动作可靠，适应性强，射击精度高，威力大，而且全枪的体积和重量也控制得相当好。相信随着 03 式步枪的逐步装备部队，一定会获得战士们的珍爱。

03 式步枪是我国最新型的步枪，代表了我国目前枪械设计制造的水平，在世界名枪之林也能占据一席之地。但是从论证思想、设计水平到制造技术，与美国最新型的 XM8 轻型模块武器系统相比，尚存在差距，有待日后进一步完善改进。

QBZ03 式 5.8 毫米自动步枪与 95 式自动步枪的各项性能相当，最大区别在于 QBZ03 式 5.8 毫米自动步枪为有托结构，其与 95 式班用枪族的其他成员除弹匣可互换外，其余关键部件均不能互换。目前看，QBZ03 式 5.8 毫米自动步枪不会大量装备部队，只会小批量装备一些特种部队及空降兵等。

（二）炮兵装备

炮兵是陆军的主要兵种，火炮是炮兵的主要武器装备，在战争史上有着"战争之神"的美誉。中国人民解放军陆军的炮兵装备，经历了从南昌起义的迫击炮到抗日战争的山炮，从解放战争时期的榴弹炮到朝鲜战争的火箭炮，从 20 世纪 70 年代的自行火炮到数字化炮兵的发展历程，目前已经进入世界炮兵装备的先进行列。

像其他陆军武器装备一样，除了最初在战场缴获的各型火炮之外，我军的炮兵装备也是从引进和仿制苏式火炮开始的。新中国成立之后，特别是抗美援朝战争时期，我军在大量购买和引进苏式火炮的同时，依托刚刚建设起来的国防科技工业，开始了从仿制到自行研制的炮兵装备发展的历程。

第三章 辉煌的建设成就

迫击炮。1953 年，我国仿制苏 43 式迫击炮，生产出 53 式 82 毫米迫击炮，此后又成功仿制了 120 毫米和 160 毫米迫击炮，并陆续装备部队。我国自行研制的第一种迫击炮是 63 式 60 毫米迫击炮。后来又研制出 67 式 82 毫米迫击炮，1971 年装备部队。1971 年，我国还研制成功 71 式 100 毫米迫击炮，1972 年装备部队。1983 年，我国又完成了 83 式两种型号 82 毫米迫击炮的设计定型，使国产迫击炮达到了现代化的程度。

榴弹炮。1954 年，我国借鉴苏联的经验，成功仿制 54 式 122 毫米榴弹炮。1959 年，我国仿照苏联 M46 式加农炮，生产定型了 59 式 130 毫米加农炮。1962 年后，我国相继仿制生产了 122 毫米、130 毫米、152 毫米 3 种加农炮和 152 毫米加榴炮，成批装备部队，基本实现了压制火炮国产化。

自行火炮。1977 年以来，我国加强了自行火炮的研制，先后研制成功 83 式 122 毫米榴弹炮、83 式 152 毫米自行加榴炮、83 式 152 毫米加农炮等。1988 年 11 月，我国新研制的 155 毫米榴弹炮、155 毫米自行榴弹炮在第二届北京国际防务技术会上首次展出，引起了轰动。

此外，我国自行研制的火箭炮、反坦克火炮、海岸炮、反坦克导弹、防空导弹也纷纷问世，并装备部队。

目前，我国炮兵装备的规模居世界第一，拥有 50 多种型号、超过 1.7 万门火炮和火箭炮。我国陆军炮兵装备，即炮兵火力压制装备，已经形成了由加农炮、榴弹炮、加榴炮、火箭炮和地地战役战术导弹构成的火力压制装备体系。目前主要装备有 59－1 式 130 毫米加农炮、96 式 122 毫米榴弹炮、89 式 122 自行榴弹炮、66 式 152 毫米加榴炮、93 式 60 毫米迫击炮、87 式 82 毫米迫击炮、01 式 82 毫米速射迫击炮、81 式 122 毫米轮式火箭炮、89 式 122 毫米履带式火箭炮、新型远程多管火箭炮、东风－11 地地战役战术导弹。此外，炮兵反坦克装备也形成了主要由坦克火箭、反坦克火炮和反坦克导弹构成反坦克火力体系。主要装备有 PF98 连/营二代反坦克火箭、73 式 100 毫米滑膛炮、86 式 100 毫米滑膛炮、97 式 100 毫米轮式滑膛炮、89 式 120 毫米自行反坦克炮、78 式 82 毫米无坐力炮、HJ–73 反坦克导弹、HJ–8 反坦克导弹、HJ–9 反坦克导弹。

经过多年的建设，目前我国陆军已形成 300 千米内，远、中、近结合，以火炮为主、导弹为辅的火力打击体系，体系配系基本完善。尤其在 70 千米这个火炮一般射击距离内，我国军各种火炮数量庞大，性能先进，加之拥有数量巨大的各种常规弹药，能形成强大的火力打击能力。

2016 年 9 月 13 日，在胜利日大阅兵上，通过天安门广场的新型自行榴弹炮、新型自行滑膛炮、新型自行加农榴弹炮、新型火箭炮、新型自行高炮、新型双牵引高炮、新型地对空导弹，在世界上引起轰动。

从新中国成立到 1953 年 8 月，我国炮兵部队已经发展到 23 个师部、186 个团、126 个独立营，这一时期重点发展了预备炮兵和步兵师以下队属炮兵。预备炮兵建立了榴弹炮师、火箭炮师、防坦克炮师、高射炮师，共 4 个师。队属炮兵发展到师有炮兵团、团有炮兵营、营有炮兵连、连有炮兵班。

1965 年，为了援越抗美作战的需要，解放军陆续增建了一批高炮师、地炮师和军属炮兵团。到 1970 年，预备炮兵发展到数十个师。1976 年，炮兵部队统一整编：加农炮兵师和榴弹炮兵师合编为加榴炮兵师；撤销了防坦克炮兵师；高炮师实行团一级两种火炮混编，以便于战时编组使用。人民解放军炮兵的数量已经超过了步兵，成为陆军的最大兵种。

1985 年 7 月，解放军炮兵编制体制进行重大变革，除留少数师作为预备炮兵外，大部分炮兵师撤销了师部、团部，整编为炮兵旅、高炮旅，属集团军建制，增强了合同作战能力。集团军所属炮兵的数量、质量及协同作战能力比以往有很大提高。

人民解放军炮兵已发展成由地面炮兵、高射炮兵、战术导弹部队组成的陆军兵种。地面炮兵有加农炮兵、榴弹炮兵、加农榴弹炮兵、火箭炮兵、迫击炮兵、无坐力炮兵、反坦克炮兵；高射炮兵有中口径高射炮兵、小口径高射炮兵和高射机枪分队；战术导弹部队有地对地导弹分队、地对空导弹分队、反坦克导弹分队。

目前，最先进的数字化炮兵，已经出现在解放军炮兵家族中。

（三）装甲兵装备

装甲兵是现代陆军的主要突击力量，装甲装备是陆军装备重要组成部分。经过 60 多年的发展，我陆军装甲装备经历了从仿制到自行研制，从一般技术到高技术的发展历程。

抗日战争之前，国民党政府由于对装甲集团作战没有充分的了解和认识，加之当时的中国没有必要的工业基础，只是少量购买了一些欧洲国家研发制造的早期坦克，其中有法国的雷诺 NC–31 和英国的维克斯 Mk. E。雷诺 NC–31 是法国雷诺公司生产的一种出口型坦克，该坦克与日本同期购买的雷诺轻型战车相比无论是机动还是装甲都稍逊一筹，国民政府共购买了 15 辆该型坦克。从英国购买的维克斯 Mk. E，共购买了 100 余辆，其中 20 辆参加了淞沪会战，80 辆参加了 1941~1942 年的对缅甸作战。

抗日战争期间，国共双方都曾缴获过日军的九七式中型坦克。该型坦克于 1938~1942 年生产，被日军广泛用于亚洲战场和太平洋战场。我军缴获的该型坦克被用于抗日战争中后期和三年解放战争。

解放战争期间，国民党政府曾从美国购买一批由 M5 斯图亚特改进而来的 M5A1 型坦克，大约购买了 100 辆，其中很多被解放军所缴获，并在解放军中服役到 20 世纪 50 年代中期。

新中国成立时，我军拥有的坦克共有 400 多辆，都是在抗日战争和解放战争中缴获的。由于坦克在解放战争，特别是在三大战役的城市攻坚战中发挥了十分重要的作用，人民解放军对装甲装备的发展和运用还是相当重视的。早在 1950 年 9 月 1 日，就成立了中国人民解放军摩托装甲兵司令部，后改称装甲兵司令部，具体负责装甲装备的发展与运用。在抗美援朝战争之前，我军从苏联购买了 10 个坦克团的装备，其中包括 T–34/85 中型坦克、IS–2（约瑟夫斯大林 2）重型坦克和 SU–122 自行反坦克炮以及一定数量的 T–34/76 中型坦克。1951 年 3 月 1 日，装甲兵部队入朝作战。在抗美援朝战争期间，我军又陆续接收了来自苏联援助的 T–34/85 中型坦克、IS–2 重型坦克。在抗美援朝战争中，这些苏制坦克立下了赫赫功勋，发挥了重要作用。

1954 年，我国决定仿制苏联的 T–34/85 中型坦克，预计于 1958 年投产，并正式命名为 58 式中型坦克。在决定仿制 T–34/85 坦克后，我国兵器工业部门提出了仿制该型坦克的两套方案。第一套方案是改造替代方案，代号 T–34–1，计划采用多种炮塔和火炮。第二套方案更为激进，代号 T–34–2，决定在技术上参考苏联最先进的 T–54A，采用横置发动机。

1956 年，经过艰苦的谈判，苏联终于同意援助我国 T–54A 坦克的全套图纸和生产工艺，并于 1956 年 4 月动工建设国内第一家坦克制造厂——617 厂（现为内蒙古第一机械制造有限公司）。我国决定仿制苏联 T–54A 型坦克，代号 WZ120。与此同时，放弃了仿制 T–54A 的 T–34–1、T–34–2 方案。

1957 年，在吸收了 T–34/85 的技术，对 T–34–1、T–34–2 方案并行研发的同时，我国坦克工程师决定研发一种轻量化的坦克，计划在 1959 年量产，代号 59–16。该型坦克原始方案采用了新的车体，采用 4 对负重轮和 76 毫米口径火炮，后为新的轻型坦克发展计划所取代。

20 世纪 50 年代中期，苏联向我国提供了一个相当 IS–2 的重型坦克设计方案，该方案采用了类似于 IS–3 的簸型首上装甲，并重新设计了炮塔，也成为 IS–2U 方案。该方案在中国代号 WZ–110。

1958年底，第一辆由苏联提供配件的T-54A走下了617厂的生产线。1959年，我国完全掌握了该型坦克的自主生产能力。1959年10月1日新中国成立10周年之际，首批国产的32辆T-54A型坦克参加了大阅兵。1959年底，该型坦克被正式命名为1959年式中型坦克，简称59式坦克。

1957年末，中国人民解放军提出研制一款轻型坦克，以应对中国南部恶劣的地形，代号WZ-131。1958年设计成功由59式减重改进而成的62式轻型坦克，62式只保留基本部件以降低重量，并采用轻量化的85毫米线膛炮。于1963年正式装备部队，到1978年共制造了约800辆。

20世纪50~60年代，由于需要一种重型坦克来替代老旧的IS-2，代号WZ-111的重型坦克计划上马。该型坦克在采用苏联IS-3重型坦克技术的同时，采用了液力传动、液压操纵、液气悬挂技术，可惜技术难度较大，故障率较高，而且我国的火炮技术当时比较落后，所以该项目并没有完成，唯一的原型车也没有炮塔，现存于北京军事博物馆。

20世纪60年代，中苏关系交恶后，苏联撤出了在中国武器工厂的所有技术员，并对新中国国防工业造成强大制约。1963年，中国人民解放军总参部下达WZ-121坦克战斗技术指标。617厂开始研发这种新型坦克。1964年，制成了第一辆样车。

1969年，珍宝岛事件爆发，中国人民解放军在苏联军队的干扰下，最终缴获了一辆当时世界上最先进的苏联T-62主战坦克。在对该坦克的进行逆向测绘和对相关仪器进行研究后，我国装甲工业技术得到了很大提升。

1974年3月26日，中国"国务院、中央军委军工产品定型工作领导小组"批准"WZ-121"设计定型，并命名为"1969式中型坦克"，简称69式坦克。该型坦克虽然只有少量装备人民解放军，但在20世纪80年代有超过2 000辆该型坦克出口到世界多个国家。以69式坦克为基型改进推出了包括79式在内的一系列改型和变型车。

1979年,中越边境反击作战后,我国对较为落后的59进行了第一次现代化改进,主要改进了火控系统、液压助力转向系统,增加了炮塔两侧的四联装烟幕发射器。此次改进成为59 - I。1984年,在59 - I的基础上,装有105毫米口径线膛炮（仿制英制L7火炮）,双向火炮稳定装置的59型坦克出现。该型被称为59 - II,代号WZ - 120B。

20世纪70年代,为了应对拥有着当时世界上最为先进的T - 62、T - 64、T - 72坦克的苏联对我国可能的集群进攻,只有59式坦克的中国,决定利用从缴获T - 62的技术研发一种比69式坦克更先进的第二代主战坦克。该项目因在"文化大革命"期间受到影响而被暂停,"文化大革命"后又恢复研制,第一辆样车被定为80式,80式后来正式在1988年定型生产,又被称为88式。80式坦克火控系统主要由带光点注入的炮长瞄准镜、激光测距仪、火控计算机及控制面板、光点电源、光点驱动器、目标角速度传感器和炮耳轴倾斜传感器以及双向复合控制稳定器等部件组成,炮塔外部装有76毫米烟幕弹发射器2×4具。88式在我国服役数量为300~400辆,另有200多辆出口于缅甸。

在80式的研发进程中,还研发了85式。85式是80式的升级版,是88式的缩水版,被广泛用于军火出口。至2014年,巴基斯坦仍有300辆85式改型服役。

88式在20世纪90年代继续改良,改良的成果是90式主战坦克,该坦克由于不满足军方的技术指标而被下马,其后期发展型为MBT - 2000,专用于对外出口,是巴基斯坦和孟加拉国的主战坦克之一,2009年,巴基斯坦取得特许生产权,命名为哈立德主战坦克。

利用研发88式主战坦克的技术,按照军方技术指标产生了一个新的第三代主战坦克：ZTZ - 88C,也就是现在我国军方主要装备的ZTZ - 96A式主战坦克。96A坦克在设计上采用了全新的焊接炮塔，并在正面加装了楔形主装甲，在炮塔侧面和底盘采用了我国研制的第二代反应装甲 FY-4，极大地增强了坦克的生存能力。96A 坦克还装备了北斗/GPS 双模定位仪。96A 坦克装备了新型炮长凝视焦平面热像仪和 ISFCS-212 下反稳像式火控系统。这大大加强了 96A 坦克的夜战能力。由于成本控制，96A 坦克并没加装车长独立周视热像仪。

1991 年夏，我国军方决定对现役的 59 式及其改型进行一次规模最大的现代化改装升级。即 59D 型，工厂代号 WZ-120C。59D 坦克主炮为加长身管的 83A 型 105 毫米线膛坦克炮。主炮装备了炮射导弹系统，射程 5.2 千米，可击落直升机，反坦克时最大穿甲深度 700 毫米。火控系统为光点注入式炮长用白光观察—激光测距—瞄准镜、火控计算机、火炮双向稳定系统。配有炮长用微光夜视观察瞄准镜，夜视距离 1 400 米。1997 年后，又开始换装简易型热像仪，对坦克目标观测距离为 2 100 米。59D 式装有 FY-1/2 双防爆炸反应装甲，防穿甲弹能力提高 260%，防破甲弹能力提高 300%。炮塔正面等效防护能力为 520 毫米；车体正面等效防护能力为 490 毫米。在 2 000 米距离上被 105 毫米穿甲弹命中，主装甲不崩不穿。59 坦克原有的 12 150L 柴油发动机被 580 匹 12 150L7 柴油发动机取代，并安装了液压助力操作装置。

1998 年 4 月，原兵器工业总公司正式向内蒙古第一机械制造（集团）下达了命令。要求在国庆 50 周年盛大庆典之前研发一款新型的第三代主战坦克，以供阅兵使用。该项目后来称为"9910 工程"。该坦克在 50 周年阅兵中大放异彩，该坦克即为 99 式原型车（国内称为 98 式）。

ZTZ-99 式的工厂代号为 WZ-123，该型坦克的设计参考了世界上许多先进的坦克设计。新定型的 ZTZ-99 式相对于原型车来说，采用了全新设计的车体，动力方面更是采用了 1 200 马力的国产 WR703/150HB 系列柴油机。该坦克在火力上采用了仿自俄制 2A46M-1 型滑膛炮的 ZPT-98 型 125 毫米滑膛炮，列装了激光制导炮射导弹系统。99式主战坦克采用了传统的坦克布局，从前往后舱室依次是驾驶舱、炮塔和动力舱。99式主战坦克的驾驶员位于底盘前部正中，车长和炮长位于炮塔战斗舱室，炮长在左，车长在右。动力传动系统在底盘后部和底部。与传统坦克不同，在外观上，99式的炮塔没有采用苏式传统的半球形铸造炮塔，而是采用焊接结构的西方式炮塔。在新型穿甲弹和复合装甲的时代，焊接炮塔开始展现优势，因为比起二代坦克的铸造炮塔，焊接炮塔利于布置大厚度、大倾角的复合装甲模块。

在大力发展和改进坦克的同时，我国还发展了多型装甲车辆。目前，我军的装甲装备已经形成了包括主战坦克（重型、中型）、轻型坦克、两栖坦克、步兵战车、装甲输送车、装甲侦察车和指挥车，以及其他履带或轮式装甲战斗车辆等组成的装甲装备体系。我国陆军主要装备有59系列坦克、88系列坦克、96式主战坦克、99式主战坦克、63A水陆坦克、62式轻型坦克、86A履带式坦克、92轮式步兵战车、89履带式装甲输送车、92轮式装甲输送车等。

（四）防空兵装备

陆军防空兵主要是遂行野战防空作战任务的兵种，是陆军对空作战的主要力量，其装备由地空导弹、便携式防空导弹、高射炮等组成。陆军防空兵装备的发展经历了一个由单一的高射炮到以地空导弹为主、高射炮为辅的历史发展过程。

1945年10月，中国人民解放军用缴获敌军高炮，组建了第一支高射炮大队，形成了最初的防空兵。

新中国成立之后，我国从苏联引进了一些制式的高射炮，初步实现了高射炮装备的制式化。这些制式化高射炮在抗美援朝战争的防空作战中发挥了重要作用。

在引进苏式高射炮的同时，我国开始自行仿制生产高射炮。1955年，我国生产的55式37毫米高射机关炮获得成功，成为

20世纪50年代陆军野战防空的主要兵器。后来，这种火炮由单管改进成双管，命名为65式37毫米双管高射机关炮，是对付低空飞机的主要装备。1959年开始，我国还生产了59式100毫米高炮和59式57毫米高炮。1981年以来，我国又新研制成功25毫米双管高炮、37毫米双管自行高炮、25毫米四管高炮，并配备搜索雷达等光电火控系统。

20世纪50年代中期前，陆军防空兵装备主要均由高射炮组成。50年代中期以后，地空导弹的引进和发展，高射炮性能的提高及弹炮一体防空系统的问世，促进了装备和组织结构的变化，在防空兵中，地空导弹部队、弹炮混成部队不断增加，高射炮兵部队在防空兵中比例有所减少。

20世纪70~80年代以后，陆军防空兵的编制装备有了较大发展，大量装备火力系统、火控系统与车辆结为一体的防空武器系统，使用高速数字电子计算机和先进的信息传输系统，初步实现情报传递、射击指挥自动化，提高了快速反应能力、独立作战能力和机动能力。

中国人民解放军1987年8月颁发的《合成军队战斗概则》，首次将高射炮兵和地空导弹部队合称为陆军防空兵，但目前还没有成为独立的兵种，没有正式从炮兵序列中分离出来，亦即防空兵仍然由炮兵指挥机构管辖。随着科学技术的飞速发展和国防现代化建设，中国人民解放军陆军防空兵的武器装备不断改善，质量不断提高，尤其是防空导弹装备使用后，提高了陆军防空兵的作战能力，使其在现代防空作战中具有较强的火力，较远的射程，较好的射击精度，较高的机动能力和较快的反应能力，成为陆军野战防空的不可缺少的重要兵种。因此，陆军防空兵从单一的高射炮兵发展成为陆军中以地空导弹、高射炮武器系统为基本装备，遂行野战防空作战任务的兵种。一般由地空导弹兵、高射炮兵和弹炮混成部队、分队及雷达兵部队、分队组成。一般采用班（发射组）、排、连、营和旅的编制序列。陆军防空兵是合成军队的重要组成部分,是遂行野战防空任务的基本力量,具有良好的射击精度和较高的机动能力,能单独或协同其他防空兵力完成陆军各种行动中的防空作战任务。主要任务是:实施对空侦察和空情报知;制止敌方航空兵侦察;拦截和歼灭敌方的飞机、巡航导弹等空袭兵器,掩护军队的部署、行动及军事设施、交通运输线等,保障军队的主要集团和重要后方目标免受或少受空中敌人的袭击;歼灭敌方正在飞行、伞降或机降的空降兵。必要时,歼灭敌方地面或水面目标。

目前,我国陆军主要防空装备有"道尔"-M1 导弹武器系统、红旗-7 导弹武器系统、红旗-16 导弹武器系统,HN-5、HN-6、前卫-1 便携式防空导弹、59 式 100 毫米牵引高炮、59 式 57 毫米牵引高炮、74 式双-37 毫米牵引高炮、87 式双-35 毫米牵引高炮、87 式双-25 毫米牵引高炮,以及双-35、四-25 自行高炮武器系统等。

我国陆军现装备的防空武器数量大、品种全、火力猛,在低空、近程可以构成强大的防空火力网,且具有一定的反巡航导弹、反直升机能力。野战防空已形成高度 6 千米以下,距离 12 千米以内,弹炮结合的低空、近程防空体系,具有较强野战防空能力。

(五)陆军航空兵装备

陆军航空兵是我国陆军最年轻的兵种之一。陆军航空装备——直升机是我国陆军最主要的突击武器。我国陆军航空兵自 1986 年 10 月开始筹建,1988 年 1 月成立第一支航空兵大队。中国陆军航空兵成立后,首先从空军接收了一大批装备,包括国产的直-5、直-6、直-9 和进口的美制 S-70C"黑鹰"24 架及法制 SA-342L"小羚羊"8 架,形成了陆航武器装备的基本框架。在利用既有装备加强训练的同时,也积极开展专用机型的研制和引进,其重点放在了以直-8,直-9 的现有国产先进机型

第三章 辉煌的建设成就

为原型的专用改进型号,并集中力量突击"重中之重"——专用(中型)武装型和轻型反坦克型直升机。经过短短近30年的建设,已发展成为一支拥有多种机型、具备相当规模和作战能力的现代化空中突击力量。

引进国外装备。我军装备的直升机,早期都是国外引进的。陆军航空兵成立之后,一直在试图获取国外先进的直升机,特别是武装直升机。20世纪80年代,当来自法国宇航公司(Aerospatiale)的8架带有HOT反坦克导弹的SA342L"小羚羊"直升机交付中国时,中国人民解放军才拥有了最初的攻击直升机——武装直升机。有一段时间,中法双方曾考虑过SA342L的许可生产,但随着冷战的结束,这一计划被叫停。

为了维护国土安全,中国人民解放军曾多次试图购买国外先进的攻击直升机,但这些计划都以失败告终。不过,中国的武器采购评估工作一直在进行着。

20世纪80年代末,中国对奥古斯塔A129"猫鼬"直升机进行过评估,1988年与美国政府达成协议或许购买AH-1"眼镜蛇"直升机,并获得BGM-71 TOW型导弹的生产许可。但在1989年美国对中国执行严格的武器禁运政策之后,两项交易都被取消。

20世纪90年代中期,中国曾要求采购俄罗斯的新卡莫夫卡-50和米-28直升机,虽然当时新成立的人民解放军陆航部队可能成为这些直升机的第一个海外客户,但这两项军售请求都被克里姆林宫否决。这更加促使我们下决心大力发展本国攻击和侦察直升机。

按许可证生产。我国直升机生产是从20世纪50年代开始的。1958年,在苏联同意交付4架米-4活塞直升机和生产图纸后,中国航天航空业开始涉足直升机生产。尽管哈尔滨飞机制造厂的原型机在1959年就进行了试飞,但由于技术底子薄,米-4活塞直升机的直-5生产型直到1963年才开始装备解放军一线部队。到 20 世纪 70 年代停产时，我国共生产了 545 架直-5，其中大多数服役中国军队，有 40 架交付阿尔巴尼亚空军，50 架卖给朝鲜人民军空军。

1976 年，中方与法国宇航公司签署合同，允许昌河飞机工业公司生产三发 SA321A "超黄蜂"重型运输直升机，该机的中国编号是直-8。第一架直-8 样机在许多方面都不同于法国的"超黄蜂"（1977~1978 年，中国曾购买了 13 架"超黄蜂"直升机），九年后直-8 交付海军航空兵部队。此后，陆基或舰载反潜/搜救直-8 直升机——直-8S 和直-8JH 也进入海军服役，而陆航则装备了直-8A、直-8K 和直-8KA，用于执行搜救任务。

1980 年，中国获得在当地组装 AS365"海豚"直升机的许可，之后又获得生产许可证，国内编号直-9。直-9 是许可生产的欧洲直升机公司 AS365"海豚"直升机。到 20 世纪 90 年代，大约 200 架直-9 进入中国人民解放军陆航部队服役。直-9 先后发展了 A、B、C 等多种改型。其中直-9B 大约 70% 的组件是中国制造的，其余航电设备和发动机等则由法国提供。直-9A-100 则只有 9% 的发动机部件和 18% 的机身和系统组件来自欧洲直升机公司。直-9C 主要用于中国人民解放军海军航空兵的海上巡逻和支援行动。

自主研制生产。在试图引进国外先进武装直升机的同时，我国一直在加紧自主研制和开发直升机，特别是武装直升机。到 20 世纪 90 年代中期，我国第一种自主研制的武装直升机——直-9W 问世了。该机是在哈尔滨飞机制造厂制造的直-9 中型运输直升机基础上发展起来的。直-9W 是为解放军陆航执行侦察任务和直接火力支援设计的。其主要武器是中国的 HJ-8 反坦克导弹，国产 57 毫米和 90 毫米无制导机载折叠翼火箭，以及 7.62 毫米、12.7 毫米和 23 毫米口径机枪、机炮吊舱。

在原型机完成首飞两年后，第一批直-9W 在 1989 年的军事演习中首次亮相。通过了详尽的武器验收试验后,该直升机于1993年正式装备解放军陆军航空兵。

1999年,哈尔滨飞机制造厂开始生产更先进的全天候直-9WA,该机装备了用于武器制导和飞行导航的前视红外球形炮塔。HJ-8B导弹也被更先进的HJ-8E取代,HJ-8E具备了全天候的热成像制导能力,射程增加到3.7英里(6千米)。直-9WA还能发射新型反坦克导弹,如HJ-10,这种我国自主研制的导弹武器在性能上类似美国的AGM-114"地狱火",具有红外、激光和电视制导模式。直-9WA也可挂载射程达6千米的TY-90红外制导反直升机导弹进行自卫。TY-90是目前唯一一种专为直升机空战开发的空空导弹。

2000年,第一架直-9WA原型机开始试飞,宣布了我国在自主生产武装直升机上取得重大进步。该型直升机先后出口到肯尼亚、柬埔寨、老挝、马里、巴基斯坦和委内瑞拉等国家。

20世纪90年代,为了替代已经过时的SA342直升机,昌河飞机工业公司(CAIC)研制开发了直-11作为其后继机。直-11是在AS350"松鼠"直升机基础上研制的,该项目始于1989年,2000年10月完成试飞,很快直-11W战场监视、侦察和轻型攻击机的研制工作也随之展开。直-11W的研制共历时三年,可挂载多达四枚的HJ-8反坦克导弹,该直升机也在座舱顶部安装了前视红外雷达球状转塔。为了替换老化的SA342,陆航迄今仍在采购直-11W,目前装备数量不到24架。与直-11W相比,直-9WA更加灵活且功能更加强大。不过体积小巧的直-11W更适合在山区作业。

在原有的机型上改进研制攻击侦察直升机直-9WA、直-11W的同时,我国还开始了专用武装直升机武直-10的研制工作。2001年,第一架武直-10原型机于第二年制造完成,2003年4月完成首飞。武直-10原型机共生产了6架,而武直-10的部件也在米-171和直-8平台上进行了测试。

武直－10可以挂载各种武器。武直－10的内置武器为安装在机头下方的自动机炮，可安装三种机炮：中国自主研制23毫米炮、中国仿制的2A72 30毫米炮以及仿制的25毫米M242"巨蝮"链炮。此外机头炮塔中还可安装一门榴弹发射器和两挺机枪。武直－10机身两侧短翼上各有两个挂架，每个可挂载多达四枚的反坦克导弹。这些导弹包括中国自主生产的HJ－8、HJ－9和HJ－10"红箭"系列导弹。尽管"红箭"具备反直升机能力，但武直－10使用的空空导弹主要还是TY－90。武直－10也可以挂载直径从20~30毫米之间的各种火箭巢，直径130毫米的弹药则需单独占用一个挂架。武直－10的短翼也可挂载500千克自由降落式炸弹，或7.62毫米、12.7毫米和23毫米机枪机炮吊舱。

在武直－10研制同时，把直－9W重新设计成武直－19侦察和攻击直升机的工作也在进行。以直－9为基础研制低成本小型武装直升机最终布局在2004年敲定。2010年5月，武直－19原型机首飞。直到2012年11月的珠海航展才展出两架机身没有号码的原型机时，武直－19才公开亮相。

目前，我国航空航天工程师现正在研制具备隐身性能的第四代攻击直升机。重点发展高速隐形（至少是低雷达截面积）攻击直升机以及更大型的10吨级隐形直升机。

2013年12月23日，中型多用途直升机直－20首飞。直－20采用了5叶旋翼设计，机舱更加宽敞，飞机起落架和尾翼也与之前的大不相同。这标志着我国直升机的发展进入了一个全新的阶段。

目前，经过近30多年的发展，我国陆军航空兵武器主要有多用途直升机、攻击直升机、专用武装直升机和运输直升机等。我军目前主要装备有直－8、直－9、直－11、直－15国产多用途直升机和直－10、直－19等国产武装直升机，以及米－17、米－171、超级美洲豹、"黑鹰""小羚羊"、米－17系列等进口直升机。陆军航空兵现装备各类直升机上千架，由最初主要用于空中救护、运输的辅助性角色转变为具备对地火力袭击、远程兵力机动、特种作战等作战能力的主战兵种。

（六）综合保障装备

陆军综合保障装备由工程装备、防化装备、通用车辆装备、陆军船艇装备等组成。工程装备有六个大类，26个分类，共300余种，其中主要装备型号200余个。包括各类舟桥、各型多用途工程车和防坦克地雷系列、布雷装备、伪装器材等，形成了工程装备的基本体系，而且还具有一定的规模。防化装备形成了核化监测、防护、洗消及烟火保障等装备为主体的基本体系。核化侦察具备对传统六大类14种毒剂进行侦检能力。防护器材具有个体、集体和专业防护相结合的综合防护能力。洗消装备具备高温、高压、射流多手段、大规模快速核化洗消能力。烟火设备具备远距离烟火支援、空中烟火保障以及大面积多谱烟幕布设能力。陆军通用装备有50多个车型，主要由运输车、越野车和通用特种车三个基本体系构成，是各军兵种地面机动的重要手段。目前我军车辆装备全面实现了国产化，其中越野车已发展到第二代，运输车已发展到第三代，在一定程度上满足了陆军通用车辆需求。陆军船艇装备现有78个型号700余艘船艇，包括登陆输送、侦察巡逻、运输、交通和特种工程作业船等。

五、渐成体系的精确打击武器

在现代信息化战争中，充分利用高新技术成果发展的精确打击武器，是战场决胜的重要物质手段。20世纪80年代以来，为了迎接世界军事革命的挑战，跟上世界军事技术发展的潮流，提高打赢信息化战争的能力，我军大力加强了高技术武器装备，特

国防科技创新和武器装备发展

别是精确制导武器装备的研制开发力度,并取得突出的成就,一大批精确制导武器装备陆续装备部队,精确制导武器装备成为我军武器装备体系中重要的组成部分,也成为战场决胜的重要手段。目前,我军装备的精确打场武器装备主要有以下几类。

(一) 战役战术弹道导弹

战役战术弹道导弹是我军远程精确打击武器的主体。简单地说,战役战术弹道导弹,就是装载常规弹头,执行战役战术精确打击任务的弹道导弹。我国的战役战术弹道导弹,是在战略核导弹的基础上发展起来,目前已经发展了多型近程、中程和远程战役战术弹道导弹,形成完备的战役战术弹道导弹精确打击装备体系。

近程弹道导弹主要有东风-11和东风-15。东风-11是我军装备最早的一款近程战役战术弹道导弹。单级,车载机动发射,射程300~600千米,采用捷联惯性+探高雷达+天文导航制导方式,其中东风-11甲弹头舱末端装空气舵,通过弹道计算机控制,进行末端指令修偏,装载多种弹头,可对各种固定目标进行精确打击。东风-15是我军装备的一种重要的近程战役战术弹道导弹。单级,车载机动发射,射程300千米以上。其中,东风-15甲射程600~900千米,采用捷联惯性+激光陀螺+弹道计算机+差分卫星定位修正,弹头舱末端装燃气舵,通过弹道计算机控制,靠喷射进行末端指令修偏。东风-15乙射程900~1 200千米。东风-15弹道导弹装载各种弹头,可对各种固定目标实施远程精确打击。

中程弹道导弹主要是东风-21。东风-21是我国于20世纪80年代末研制成功的中程弹道导弹,也是我军装备的首款固体燃料弹道导弹。1985年5月20日试射成功,1989年定型。两级,车载机动发射冷发射,射程大于1 500千米。其中,东风-21甲,1988年立项,1996年定型。代号DF-21A,采用捷联惯性+三轴静压气浮陀螺＋弹道载计算机制导方式，射程大于1 500千米。东风－21乙，代号DF－21B，射程2 700千米，采用捷联惯性＋三轴静压气浮陀螺＋弹道载计算机制导方式。东风－21丙，代号DF－21C，射程大于3 000千米，采用捷联惯性＋弹道计算机＋末端主动雷达制导方式。可有效摧毁地面高价值目标。东风－21丁，代号DF－21D，射程大于2 000千米，采用捷联惯性＋弹道计算机＋末端主动雷达制导方式，可打击海上大型舰艇等机动目标，是世界上首款反舰弹道导弹。

远程常规弹道导弹主要是东风－26。东风－26（DF－26）是我国研制的先进固体中远程弹道导弹，是一种以常规打击为主、核常兼备的中远程弹道导弹，2015年9月3日，在抗战胜利日阅兵式上，东风－26首次亮相，随后装备部队。与以往的功能单一的核或常规导弹不同，东风－26是集"战略核打击""规程常规打击"和"反舰弹道导弹"三项功能于一身多功能中远程弹道导弹，射程3 000千米以上。东风－26通过无依托机动发射，在内陆较大地域范围内对进犯之敌的陆上固定目标和海上移动目标实施深远火力打击，可进一步提升我陆、海、空联合火力打击能力。

（二）巡航导弹

巡航导弹是现代战争中广泛使用的远程精确打击武器中，也是我军近年来重点发展的精确打击武器。20世纪90年代开始，为了满足现代信息化战争中远程精确打击的需要，我国开始着手研制开发岸基反舰巡航导弹——"东海－10"。后因适应陆基远程精确打击的要求，将其转为陆基巡航导弹。2000年，开始陆基巡航导弹首次飞行试验。2009年，"东海－10"更名"长剑－10"正式装备部队。2009年10月1日的国庆阅兵式上，"长剑－10"正式亮相。"长剑－10"有效射程1 500～2 500千米，由于采用先进的复合制导技术，可携带各种弹头，对敌远距离陆基航空力量以及后勤通信等固定地面目标实施远程精确打击。

目前，陆基巡航导弹"长剑-10"不仅研制生产并装备了多种改进型号，而且以此为基础，研制开发了可以由轰-6载射的空射型巡航导弹"长剑-20"，并已经正式列装空军。今后将衍生出各种陆基、舰载、空射和潜射等多个型号，利用不同的制导方式，灵活的发射平台，与东风系列的战役战术导弹一起，形成具有中国特色的远程精确打击武器装备体系。

（三）反舰导弹

在我国的精确打击武器装备中，日趋先进的反舰导弹是其中十分重要的一员。我国的反舰导弹，经历了从"上游"到"海鹰"再到"鹰击"的发展历程，已经形成了十分庞大的返航导弹家族。

从20世纪60年代初开始，我国开始研制舰舰导弹。1966年，我国首次进行了反舰导弹陆上和海上试验，并最终将其命名为"上游-1"舰舰导弹，这是我国研制生产的第一型舰舰导弹。1973年，国防工办下达"上游-1"改型任务，将其命名为"上游-1甲"，于1983年12月批准定型。以上两型舰舰导弹均采用液体燃料推进剂。1975年12月，根据海军的要求，在"上游-1"的基础上，研制固体燃料的"上游-2"舰舰导弹，与"上游-1"相比，"上游-2"不仅弹径变小，重要变轻，而且速度加快，射程提高。

在发展"上游"舰舰导弹的同时，1963年底，在"上游-1"舰舰导弹取得初步进展的同时，开始了在"上游-1"基础上改型发展岸舰导弹，并于1965年4月确定改型方案。这种岸舰导弹正式命名为"海鹰-1"岸舰导弹。1974年8月，"海鹰-1"正式定型。与"上游-1"一样，"海鹰-1"采用液体推进剂，但由于采用了推力更大的液体火箭发动机，射程有成倍提高。1967年3月，作为051导弹驱逐舰的配套工程，下达了将"海鹰-1"改为舰舰导弹的任务,命名为"海鹰-1J"。1975年12月,"海鹰-1J"定型。1976年,对"海鹰-1"进行了舰舰、岸舰通用化改造,实现了通用化。在研制"海鹰-1"的同时,1965年初,将"上游-1"上岸的另一个岸舰导弹计划正式实施。1966年,被命名为"海鹰-2"。与"海鹰-1"相比,"海鹰-2"的体积更大,射程更远。为了克服"海鹰-2"末制导雷达抗干扰能力差的问题,在"海鹰-2"上换装红外导引头,并选择更为圆钝的小球头外形,形成"海鹰-2甲"。此外,对"海鹰-2甲"进行了多次改型,分别形成了"海鹰-2甲Ⅱ"和"海鹰-2甲Ⅲ"。为提高"海鹰-2"的空防能力,我国对"海鹰-2甲"的控制回路、雷达导引头以及高度表进行了改进,形成了巡航高度更低(30~50米)更低、空防能力更强的"海鹰-2乙"。随后又出现了其改型"海鹰-2甲Ⅱ",射程有了较大提高。在20世纪80年代,曾经研制开发过采用四台并联的固体火箭发动机助推器的"海鹰-3"岸舰导弹,射程达到130千米。1986年,由于某些原因,"海鹰-3"下马,改为技术储备。在"海鹰-2"的基础上,研制开发了一种新型号"海鹰-4"。"海鹰-4"采用固体火箭助推器和一台涡轮喷气发动机,在大幅度减轻重量的同时,最大射程增加到200千米。"海鹰-4"除了作岸舰导弹使用外,也可作空舰导弹使用。

　　从20世纪70年代开始,为了适应反舰导弹日益高速化的趋势,我国开始研制开发超音速反舰导弹。1971年1月9日,海军批准了研制冲压发动机低空、超音速反舰导弹的总体方案,最终命名为"鹰击-1"。此型导弹为舰舰、空舰通用型反舰导弹。20世纪60年代中期,我国决定以"海鹰-2"为原型,研制一种空舰导弹,1977年4月,整体方案确定,并命名为"鹰击-6"。1986年"鹰击-6"正式定型,1987年进入海军序列,由于液体火箭发动机,有效射程达到105~110千米。在"鹰击-6"的基础,对其动力、和末段制导雷达进行改进,并换用新型高能燃料，形成新型号"鹰击-61"射程增至200千米。以此为基础，采用新制导系统和动力系统，研发了"鹰击-63"，射程超过250千米，从而成为我空射反舰导弹的主力。

在发展空射型"鹰击"系列返航导弹的同时，超音速舰舰导弹"鹰击-8"也于20世纪80年代研制成功。这种采用串联式固体火箭器+固体火箭发动机，装载了半穿甲战斗部的新型反舰导弹，于1982年装备于053舰上。以此为基础，先后研制开发了射程更远、精度更高、威力更大的"鹰击-81""鹰击-8A""鹰击-83"，成为我反舰利器。

进入20世纪90年代以后，为了适应反舰作战的新需要，我国又先后研制开发了一系列射程更远、精度更高、威力更大、空防能力更强的超音速、高超音速反舰导弹，形成了庞大而有效的"鹰击"系列反舰导弹家族。

除上述各类武器装备外，在我军武器装备体系中还包括航天装备和信息战装备等。

我国的航天装备的发展起步于20世纪50年代。新中国航天装备的发展史是一部自力更生、艰苦奋斗的创业史，是千千万万热爱祖国的中华儿女无私奉献、勇于攀登的拼搏历史。经过60多年的创业发展，在党中央、国务院的正确决策和领导下，航天事业经过发展导弹、运载火箭、人造卫星、载人航天等几个阶段，目前已经形成了体系，形成了规模。具备了先进的卫星、火箭的设计能力，加工制造能力、完备的测试和试验能力、可靠的发射能力和有效的测控管理能力。

目前，我们国家在卫星方面已经拥有通信、遥感、资源、导航定位、气象、科学实验、海洋七大卫星系列，我国是世界上第五个把卫星送上天的国家，第三个掌握卫星回收技术的国家，第五个独立研制和发射地球静止轨道通信卫星的国家，我国自行研制和发射了100多颗人造地球卫星，在轨运行的卫星有100多颗。在运载火箭方面，我国目前共有12种不同型号的长征运载火箭，具备了9.5吨的近地轨道、5.2吨的同步转移轨道的运载能力；具备高中低多种轨道的发射能力，能够发射世界上绝大多数商业卫星，并且可以多星发射，综合技术性能达20世纪末世界先进水平。我国是世界上第三个掌握先进的低温推进技术的国家，也是较早掌握大推力运载火箭捆绑技术的国家。在载人航天方面，自从2003年10月5日，我国第一艘载人飞船"神舟五号"成功发射之后，先后发射了"神舟六号""神舟七号""神舟八号""神舟九号""神舟十号""神舟十一号"，从太空行走到空间站长期驻留，我国载人航天方面已经进入世界先进行列。在月球探测方面，2004年，中央决策实施探月工程，这是继人造地球卫星、载人航天之后，我国航天事业的第三个里程碑，是我国向深空探测迈出的第一步。这个工程分为"绕""落""回"三个阶段，目前已经进行到第三阶段。此外，三步归一的火星探测计划正在加紧实施。60多年来，随着航天科技的发展，我国的军事航天装备在形成战略威慑、保卫国家安全方面，发挥着重要作用。目前，我国已具备了较完整的地地导弹、防空导弹、海防导弹的研制、生产、发射能力，具备了战略核武器威慑力量，使我国国防的钢铁长城更加坚固。

我军的信息战装备是在20世纪90年代以后，为了适应战争形态向信息化战争演变的趋势，满足打赢信息化战争需要才逐步发展起来的。通过20多年的努力，我军不论是在电子对抗、网络攻防等方面都取得了长足的进度，形成了比较完整的信息战武器装备体系，为了在未来信息化战争中实施信息攻防对抗中掌握主动，并最终夺取战争的胜利，奠定了重要的物质技术基础。在电子侦察方面，在地面有固定电子侦察站、移动电子侦察车，在空中有多各种固定翼和旋转翼电子侦察机，在海上有电子侦察船，在外层空间有电子侦察卫星，已经形成陆、海、空、天多维一体的电子侦察装备体系；在电子干扰方面，不仅有大量的固定和移动的电子干扰装备，包括电子干扰车、电子干扰飞机和电子干扰舰船，而且几乎所有的新一代陆、海、空等主战武器平台，都配备有车载、机载、舰载自卫电子干扰装备，具备全向、多维、立体、全频谱的电子干扰能力；在电子摧毁方面，不仅所有的精确打击武器都能对电子目标实施精确打击，而且还发展了反辐射导弹、电磁脉冲弹、石墨炸弹等专用电子摧毁武器，可以对电磁目标实施毁灭性的打击；在网络防御方面，开发和装备了各种网络探测、告警、跟踪、拦阻等系统和软件，以及各种专用网络防御装备，能对敌方的网络破坏、干扰乃至进攻，实施有效的防御；在网络进攻方面，广泛开展了相关代码性武器、高能电磁脉冲武器、纳米机器人、网络嗅探器等，能对敌方的网络攻击实施有力的反击；在心理战方面，开发装备了心理战飞机、舰船、车辆以及大量心理战装备，能在必要时实施有效的心理进攻和防御。

特别是2015年12月31日，专门负责维护我国太空安全和网络空间安全的新型作战部队——战略支援部队，在军队深化改革的进程中应运而生，从而使得我国航天装备和信息战装备的发展进入了一个全新的阶段，开启了加速发展的模式。

下篇

第四章

强劲的创新能力

自力更生、自主创新地进行国防科技和武器装备建设,既是我国国防科技和武器装备建设的宝贵经验,也是我国国防科技和武器装备建设的立足点和基本原则,更是我国国防科技和武器装备建设的一条根本指导方针。正是坚持了自力更生、自主创新这一基本原则,我国科学技术,特别是国防科技和武器装备建设才取得了一系列举世瞩目的巨大成就。正如习近平主席在中国科学院第十七次院士大会、中国工程院第十二次院士大会上的讲话中所指出的,"'两弹一星'、多复变函数论、陆相成油理论、人工合成牛胰岛素等成就,高温超导、中微子物理、量子反常霍尔效应、纳米科技、干细胞研究、人类基因组测序等基础科学突破,超级杂交水稻、汉字激光照排、高性能计算机、三峡工程、载人航天、探月工程、移动通信、量子通讯、北斗导航、载人深潜、高速铁路、航空母舰等工程技术成果,为我国经济社会发展提供了坚强支撑,为国防安全作出了历史性贡献,也为我国作为一个有世界影响的大国奠定了重要基础。"[1] 我国国防科技和武器装备建设实践充分证明,只有坚定不移地发扬自力更生、奋发图强精神,坚持自主创新,不断攀登科学高峰,在国防科技和武器装

---

[1] 习近平:在中国科学院第十七次院士大会、中国工程院第十二次院士大会上的讲话,2014年6月9日。

备领域有所突破、有所发明，才能把武器装备发展的自主权牢牢地掌握在自己手中。

一、将自主创新作为国防科技和武器装备发展的指导方针

独立自主、自力更生是我国的基本国策，也是中华人民共和国成立以来在各方面不断走向辉煌的根本保证。新中国成立以来，我国国防科技和武器装备建设取得的巨大成就，"两弹一星"的研制成功，大量代表当代最高水平的高新技术武器装备不断涌现，不仅是独立自主，自力更生基本国策的成功实践，而且是将自主创新作为国防科技和武器装备发展指导方针的最直接的成果。早在1955年1月15日，毛泽东亲自主持召开中共中央书记处扩大会议，作出了发展我国原子能事业、研制原子弹的决定。1964年10月16日，中国成功地爆炸了第一颗原子弹；1966年10月27日，中国第一颗装有核弹头的地地导弹飞行爆炸成功；1967年6月7日，中国第一颗氢弹空爆试验成功；1970年4月24日，中国第一颗人造卫星发射成功。"两弹一星"的研制成功，使中国一举成为世界上少数几个独立掌握核技术和空间技术的国家之一。世纪之交，面对世界新军事革命的严峻挑战，特别是高新技术武器装备迅猛发展，我国国防科技和武器装备发展水平与西方发达国家的差距有可能越拉越大的不利局面，党中央果断决策，实施"高新技术工程"，在改革国防科技和武器装备发展体制，增加国防科技和武器装备建设投入的同时，加大国防科技和武器装备的自主创新力度，先后研制开发的"歼－20""运－20"、新型舰艇等一大批进入世界先进行列的武器装备，成为当今世界为数不多的能够独立发展第五代先进武器装备的三个国家之一。我国国防科技和武器装备建设的成功实践，充分证

明：独立自主、自力更生是我国革命和建设的各个方面都必须坚持的一项基本国策，而自主创新则是国防科技和武器装备发展必须始终坚持的指导方针。正因为如此，习近平主席要求我们："坚定不移走中国特色自主创新道路。这条道路是有优势的，最大的优势就是我国社会主义制度能够集中力量办大事，这是我们成就事业的重要法宝，过去我们搞'两弹一星'等靠的是这一法宝，今后我们推进创新跨越也要靠这一法宝。要结合社会主义市场经济新条件，发挥好我们的优势，加强统筹协调，促进协同创新，优化创新环境，形成推进创新的强大合力。对一些方向明确、影响全局、看得比较准的，要尽快下决心，实施重大专项和重大工程，组织全社会力量来推动。"①

（一）中国的事情要按照中国的情况来办，要依靠中国人自己的力量来办

独立自主、自力更生是我国革命和建设的一项基本国策。独立自主，自力更生，是建立在辩证唯物主义关于物质"自己运动"的原理和历史唯物主义关于人民群众创造历史的原理基础上的。它从世界观和方法论的高度，把唯物主义认识论与唯物主义历史观统一起来，把党的思想路线与群众路线统一起来，因而成为中国特色马克思主义中最本质、最核心的内容之一。正因为如此，邓小平同志早就强调：中国的事情要按照中国的情况来办，要依靠中国人自己的力量来办。独立自主、自力更生，无论过去、现在和将来，都是我们的立足点。

独立自主、自力更生是社会主义制度和我国国情决定的。建立在公有制为基础上的社会主义，人民群众是国家的主人，生产的目的是不断满足人民群众日益增长的物质和文化的需要。社会

---

① 习近平：《在参加全国政协十二届一次会议科协、科技界委员联组讨论时的讲话》，2013年3月4日。

主义就是一切为了人民，一切依靠人民。生气勃勃的创造性的社会主义是人民群众自己创造的。没有亿万群众高昂的劳动热情，社会主义建设事业的发展是不可能的。我国是一个社会主义大国，土地辽阔，人口众多，资源丰富，新中国成立后经过60多年的努力，已经建立了完整的工业体系和国民经济体系，具有比较坚实的科学技术基础。这就决定了我们有条件而且必须立足自力更生。要建设有中国特色的社会主义，就只能依靠十亿人民自己去探索、去创造。中国这样的大国，世界上没有哪个国家能够代替我们进行建设。我们既不能躺在别国身上，完全依赖人家来建设一个社会主义，也不可能用钱买来一个现代化。离开独立自主、自力更生，我们是没有别的出路的。因此，习主席告诫我们，真正的核心关键技术是花钱买不来的，靠进口武器装备是靠不住的，走引进仿制的路子是走不远的。

在伟大的"两弹一星"工程、"高新技术工程"的决策和实施过程中，党和国家领导人以及广大国防科技工作者，正是始终坚持独立自主、自力更生这一基本国策，始终坚信：过去，我们依靠独立自主、自力更生，打败了日本帝国主义的侵略；依靠独立自主、自力更生，打败了美帝国主义支持的国民党反动派；依靠独立自主、自力更生，在帝国主义封锁禁运的情况下恢复了遭受战争破坏的国民经济，开始了社会主义经济建设。今天，同样可靠依靠独立自主、自力更生来建设我们的国家，来创造国防科技领域的人间奇迹。正是因为如此，我们才能在十分艰苦的条件下，依靠自身的力量，以更短的时间，研制成功了"两弹一星"，实施了人类文明史上的一个勇攀科技高峰的空前壮举。在新的历史条件下，我们依靠更加坚实的经济技术基础，研制成功了当今世界最高水平的新型飞机、战舰等高新技术武器装备，实现了我国国防科技和武器装备发展史上的第二次飞跃。

"两弹一星"工程、"高新技术工程"是独立自主，自力更生基本国策在国际科技和武器装备建设领域成功实践，是伟大的独立自主、自力更生精神的生动体现。"两弹一星"工程、"高新技术工程"实践充分证明,坚持独立自主、自力更生的基本国策,必须坚持以下几点。

首先,必须坚持"革命和建设都要走自己的路"。[①] 搞现代化建设,别国的经验我们应当学习和借鉴,但不能把某种模式神圣化、教条化、乱搬照套。一定要从我们的国情出发,走出一条具有中国特色的正确道路来。邓小平同志指出:"中国革命的成功,是毛泽东同志把马克思列宁主义同中国的实际相结合,走自己的路。现在中国搞建设,也要把马克思列宁主义同中国的实际相结合,走自己的路。"[②] 在"两弹一星"的研制过程中,如果我们不坚持走自己的路,而是按照苏联的模式,按照"苏联专家"要求去做,当中苏关系破裂、苏联专家撤走之时,可能就是"两弹一星"下马之日,也就不可能有"两弹一星"的伟大成功。同时,在"歼-20""运-20"、新型作战舰艇的研制开发过程中,我们不突破西方的技术封锁,开展具有中国特色的技术攻关,就不可能取得技术上的伟大突破,实现当代武器装备发展新的跃升。"两弹一星"工程、"高新技术工程"都充分证明:"走自己的路",这是独立自主的实质所在,是坚持独立自主,自力更生的首要原则。

其次,必须立足于自身,主要依靠自己的力量搞建设。邓小平同志曾指出:"我们的建设方针还是毛主席过去制定的自力更生为主、争取外援为辅的方针。"[③] 尤其是建设我们这样一个社会主义大国,不可能走"捷径"。我们要争取外援,要利用外国的资金和技术,也要大力发展对外贸易,但是必须以自力更生为

[①] 中共中央文献研究室:《建设有中国特色的社会主义》(增订本),人民出版社1984年版,第81页。
[②] 中共中央文献研究室:《建设有中国特色的社会主义》(增订本),人民出版社1984年版,第82页。
[③] 《邓小平文选》(1975~1982年),第310页。

主。周恩来同志也曾强调：自力更生，绝不是闭关自守、拒绝外援。但是，每一个国家的革命和建设，都必须以自力更生为主，争取外援为辅。只有每一个社会主义国家坚决执行自力更生为主的建设方针，依靠本国人民的劳动和智慧，充分利用本国的资源，迅速发展本国的经济，才谈得到根据彼此完全平等、互相尊重独立和主权、互不干涉内政的原则，根据无产阶级国际主义原则，互通有无、互相援助、密切合作。① "必须在自力更生的基础上争取外援，主要依靠自己的艰苦奋斗。"② 比如，在"两弹一星"研制过程中，我们广泛吸收和引进了当时可能吸收和引进的人才和技术，并争取到苏联的有力援助，从而为"两弹一星"工程的顺利展开创造了有利的条件。但是，在争取外援的同时，我们始终坚持把"两弹一星"研制的基点放在自力更生上，依靠自身的力量，发挥自身的创造力进行国防尖端科技建设。正因为如此，在国际形势发展重大变化，国外的援助完全停止之时，我们还是能把"两弹一星"工程继续进行下去，并取得巨大的成功。同样，在当代高新技术武器装备研制过程中，我们一方面广泛学习、引进国际上一切可能得到的先进军事技术成果，并最大限度地加以消化、吸收和利用；另一方面，在强化对已有技术综合集成创新的同时，加大了原始创新的力度，不断建立和完善国防科技创新体系，开发和研制大量先进高新技术武器装备，极大地促进了信息化武器装备体系的形成和整体水平的提高。我国国防科技和武器装备建设成功实践充分证明，我们对外开放，学习别人的长处，争取外援，引进资金和技术，归根到底还是为了增强我们自力更生的能力，发展自己。

再次，必须坚持激励民族自尊心和自信心，弘扬爱国主义精

---

① 周恩来：《在平壤市各界人民欢迎大会上的讲话》（1963年9月18日），载于《人民日报》1963年9月19日。
② 《邓小平文选》（1975～1982年），第361页。

神。大力激励民族自尊心和自信心，弘扬爱国主义，是社会主义精神文明的重要内容之一，是坚持独立自主，自力更生的不可缺少的精神支柱。在我国国防科技和武器装备建设中，特别是在"两弹一星"研制和"高新技术工程"实施过程中，正是强烈的民族自尊心和自信心，正是高涨的爱国主义精神，激励着广大国防科技工作者在十分艰苦的条件下努力奋斗、勇攀高峰；激励着许多海外赤子，放弃海外优越的科研、生活条件，冲破重重阻力毅然归国，投身祖国的国防尖端科技事业，成为"两弹一星"事业的奠基者和"高新技术工程"的带头人。物理学家赵忠尧归国途中被驻日美军关进监狱，在祖国人民和世界科学家的声援下才恢复自由。他用在国外省吃俭用攒下的钱，购买了一批科研器材，为中国原子能研究组装了第一台质子静电加速器；作为"第一个在英国获得教授职称的中国人"，物理学家彭桓武被问到为什么要回来时说："回国不需要理由，不回国才要理由！"著名科学家钱学森决定以探亲名义回国，却被无理拘禁，失去人身自由长达5年之久……在"高新技术工程"实施过程中，一大批改革开放时期出国留学的顶尖人才，舍弃国外优厚的生活条件和物质待遇，毅然决然地回到祖国，投身国防科技事业，为高新技术武器装备发展作出了突出贡献。我国国防科技和武器装备建设充分证明：我们一定要大力提倡爱国主义精神，坚信中国人民有志气，有能力，有信心，在不远的将来，跻于先进国家的行列。只有坚持独立自主，自力更生，把自己的事情办好，才能对人类作出更大的贡献。

（二）自力更生的关键在于自主创新

独立自主、自力更生是我国革命与建设的一项基本国策。那么，在我国的社会主义革命与建设过程中，应该如何坚持和贯彻这一基本国策呢？我国社会主义建设成功实践充分说明，自主创新是自力更生的关键。对此，胡锦涛同志曾明确指出："提高自主创新能力,是保持经济长期平衡较快发展的重要支撑,是调整经济、转变经济增长方式的重要支撑,是建设资源节约型、环境友好型社会的重要支撑,也是提高我国经济的国际竞争力和抗风险能力的重要支撑。我们要把增强自主创新能力作为科学技术发展的战略基点和调整经济结构、转变经济增长方式的中心环节,努力走出一条具有中国特色的自主之路。"[①] 这再一次清楚地表明,党中央高度重视科技事业发展,高度重视提高科技自主创新能力,充分反映了我们党对当前世界经济和科技发展趋势及其内在规律的准确把握,反映了我国新时期加快推进社会主义现代化事业的坚强决心。同时也说明,自主创新是我国革命与建设中的突出地位和重要作用。

"两弹一星"的研制实际上是一个自主创新的过程,其中重要的是科技创新过程,同时也是管理创新过程。在"两弹一星"研制过程中,不仅进行了大量的科技创新,而且进行不少的管理创新,取得了丰硕的自主创新成果。"娃娃博士"邓稼先是带着从各地调来的第一批大学毕业生,在十分艰苦的条件下,踏上了这条漫漫自主创新之路的。没有书,就从最基础的3本书学起;没有大型计算机,就用手摇式计算机日夜运算,装计算稿纸的麻袋堆满了房间;没有办公桌,就趴在水泥地上设计图纸;没有现代化的设施,就从一把老虎钳、两把锉刀、几张铝皮和几张三合板,外加十几支蜡烛和几把手电筒,开始了中国卫星、火箭雏形的设计与研制。从"两弹一星"到载人航天,中国虽然都紧步美俄两个超级强国的后尘,然而不能忽视的是,美俄用了几十年,而中国用了几年。肩负着历史的使命和责任,永远追攀世界科技的最高峰,瞄准当今航天科技发展前沿,进行大量卓有成效的自主创新——这始终是中国制造"杀手锏"的"秘密"。因此,江泽民同志曾指出:"在当时的国际条件下,'两弹一星'

[①] 胡锦涛在河南、江西、湖北调研时的讲话,2005年8月19~23日。

第四章 强劲的创新能力

事业只能依靠我们自己的力量来进行。广大研制工作者充分发挥聪明才智，敢于创新、善于创新。他们攻破了几千个重大的技术难关，制造了几十万台件设备、仪器、仪表。他们知难而进，奋力求新，不仅使研制工作在较短时期内连续取得重大成功，而且有力地保证了我国独立地掌握国防和航天的尖端技术。实践证明，自力更生、自主创新，是我们真正在世界高科技领域占有一席之地的重要基石。"①

在世界军事革命风起云涌、中国特色军事变革势在必行的今天，我们更加深刻地感到自主创新在社会主义革命与建设中的内涵深刻、意义重大，更加激励我们大力增强自主创新能力，加快武器装备建设的发展步伐，为完成双重历史任务，实现我军现代化的跨越式发展提供可靠的装备保障。正如习近平主席在会见嫦娥三号任务参研参试人员代表时的讲话所指出的："嫦娥三号任务是我国航天领域迄今最复杂、难度最大的任务之一，是货真价实、名副其实的中国创造。取得这样的成就，最根本的一点，就是中国航天事业始终坚持自力更生、自主创新。中国是一个大国，必须成为科技创新大国。嫦娥三号任务圆满成功，既是落实创新驱动发展战略的重要成果，又为加快实施这一战略提供了有益经验。我们要贯彻落实党的十八届三中全会精神，全面深化科技体制改革，扩大科技开放合作，为人类科技进步作出更大贡献。"②

增强自主创新能力，必须深化对其重大意义的认识。首先，要认清自主创新是将国家的发展和安全的命运牢牢掌握在我们自己手中，真正在世界高科技领域占有一席之地的重要基石。正因为坚持自主创新，才有了"两弹一星"事业的伟大成就，才有

---

① 江泽民：《在表彰为研制"两弹一星"作出突出贡献的科技专家大会上的讲话》，解放军出版社2000年版。
② 习近平：《会见嫦娥三号任务参研参试人员代表时的讲话》，载于《解放军报》2014年1月7日。

了高新技术武器装备的发展，才使我国成为在国际上有重要影响的大国。高新技术不可能从国外直接拿来，唯有自主创新，掌握核心技术，拥有自主知识产权，我们才不会受制于人。其次，要认清自主创新是积极推进中国特色军事变革的必然要求。推进中国特色的军事变革，必须坚持自主创新。当前，我军现代化建设正处在从机械化与信息化转型的关键时期，与发达国家相比，我军武器装备建设的基础相对较弱，特别是在以信息技术为龙头的高技术领域还有一定差距。我们只有以强烈的使命感、紧迫感，积极推进中国特色的军事变革，在国防科技和武器装备建设中求创新、求发展、求突破，才能在世界军事变革的大潮中获得更多的优势和主动，才能加快完成机械化和信息化建设的双重历史任务。再次，要认清自主创新是加快武器装备跨越式发展的本质要求。武器装备实现跨越式发展的根本在于自主创新，只有创新才有出路。我国国防科技和武器装备建设的成功实践证明，只有自力更生、自主创新，才能始终把握武器装备发展的主动权。21世纪头20年，同样是我军武器装备建设的重要战略机遇期，我们一定要牢牢抓住这一重要战略机遇期，为实现我军武器装备跨越式发展作出更大的贡献。

　　增强自主创新能力，必须大力弘扬"两弹一星"精神。20世纪60年代，我国在物质技术基础十分薄弱的情况下，成功地研制出"两弹一星"。伟大的事业产生伟大的精神，在为"两弹一星"事业进行的奋斗中，广大科研工作者培育和发扬了以自力更生、自主创新为核心的"两弹一星"精神。在当时的国际条件下，"两弹一星"事业只能依靠我们自己的力量来完成。今天，我国的经济和科学技术虽然有了很大发展，改革步伐不断加快，开放的大门不断加大，但自主创新这个法宝永远不能丢。我们唯有大力弘扬"两弹一星"精神，继续坚持自主创新，才能使我军的武器装备建设实现新的飞跃。

　　增强自主创新能力，必须在重点武器装备发展的关键技术和基础技术上求突破。当前，我军武器装备建设任务十分繁重，在国家经济基础还不十分雄厚的情况下，必须量力而行，突出重点，优化组合，集中力量攻克那些一旦突破就能对武器装备建设产生重大推动作用的关键技术和基础技术。只有这样，我们才能在有限的战略机遇期内赢得时间，抢占先机，进一步缩小同发达国家的差距，并且在发展重点武器装备方面形成我们的优势，为打赢未来信息化局部战争提供可靠保障。

增强自主创新能力，必须进一步为科技工作者营造良好的环境。科学技术的竞争，关键在于知识和人才的竞争，在于自主创新能力的竞争。我们要在武器装备建设中取得重大突破，必须培养一大批能够掌握和驾驭高技术的高素质科技工作者，必须为他们提供良好的自主创新环境。为此，党和国家以500万元重奖有突出贡献的科学家，国务院还设立了政府特殊津贴，又出台了对参与高新技术工程的科技人员实行岗位津贴的特殊政策。这一切都是为了充分调动广大科技工作者的积极性，最大限度地发挥他们的聪明才智，使他们能够集中精力投入到自主创新之中。同时，我们还要大力倡导"四个尊重"，努力为科研人员排忧解难，切实为科研工作者营造自主创新的良好环境。

（三）只有通过自主创新，才能真正把发展和安全的主动权牢牢地掌握在自己手中

依靠自身的力量发展国防科技和武器装备，自力更生，自主创新，努力提高武器装备的现代化水平，既是"两弹一星"等国防尖端科技事业发展的成功经验，也是我国国防科技和武器装备建设中必须始终坚持的一条重要指导原则。正是因为坚持自力更生，自主创新，新中国成立60多年来，我国武器装备才在帝国主义的封锁和包围下完成了一次次重大技术突破，实现了一次次历史性的跨越，始终把主动权掌握在自己手中，为国防和军队建设，特别是打赢包括抗美援朝在内的几次局部战争作出了卓越的贡献。

我国国防科技和武器装备60多年的巨变，凝聚着党的历代领导核心高瞻远瞩的战略决策，凸显着中华民族团结一心、自强不息、自力更生、自主创新的伟大精神，展示了我军走科技强军、自力更生、自主创新之路的不平凡经历。

在朝鲜战争结束的前一年春天，美国把核导弹运到冲绳，扬言"要在中国东北扔几颗原子弹"。面对这重重压力，毛泽东以伟人的胆识作出历史性抉择：研制"两弹一星"。从而拉开了中国人民自力更生、自主创新研制世界尖端武器的帷幕。新中国成立以后，毛泽东根据当时的国际政治军事形势以及我国长期革命和建设的实践经验，提出了"自力更生为主，争取外援为辅"的基本方针。八大前后，毛泽东总结"一五"计划期间国家各项建设的经验教训后强调，我们搞经济建设，搞国防建设，都要坚持以我为主，从自己的实际情况出发，走适合我国国情军情的发展道路。他指出："自力更生为主，争取外援为辅，破除迷信，独立自主地干工业、干农业、干技术革命……这就是我们的路线。经济战线上如此，军事战线上也完全应当如此。"[①] 1958年6月，毛泽东针对党内出现的过分依赖苏联的倾向，在军委扩大会议小组长座谈会上指出："争取苏联的援助是需要的，但主要的还是自力更生。如果过分强调苏联援助，请问苏联在当时又依靠谁来援助呢？"[②]

伟人的胆识，成为中国人奋发图强、自力更生、自主创新的动力。一大批知名科学家从国外冲破阻力，归国参加科研攻关；成千上万的知识分子、工人和军人，隐姓埋名投入到研制尖端武器的战斗中。于是，一个个奇迹在这片经济、技术都还十分落后

[①]《建国以来毛泽东文稿》（第7册），中央文献出版社1989年版，第273页。
[②] 蒋宝祺等：《毛泽东军事经济思想新探》，国防大学出版社1993年版，第254页。

的土地上被创造出来。20世纪50年代后期,我国国防工业初步形成体系,初步具备差不多所有常规武器的生产能力,尖端武器研制也已开始。可是1960年7月16日苏联政府宣布撕毁600个合同,并通知我国政府,7月28日至9月1日撤走全部在华专家,致使我国250多个企业、事业单位处于停顿、半停顿状态。这时正值我国连年自然灾害和"大跃进"已造成严重后果之际,赫鲁晓夫的背信弃义行为,给我国国民经济和国防工业带来很大的困难。在这种情况下,国防科技和国防工业遵照中央批准的"科学研究十四条"和"工业七十条",进行了调整、提高,沿着独立自主、自力更生、自主创新的道路,加快了军事装备的研制步伐。1960年11月5日,我国第一枚导弹腾空而起,准确击中目标。1964年10月16日15时,壮观的蘑菇云在罗布泊上空升起,中国从此有了自己的原子弹。1967年6月17日,中国第一颗氢弹试验成功。1970年4月24日,我国第一颗人造卫星遨游太空。1975年11月26日,我国第一颗返回式卫星发射并回收成功,成为世界上第三个掌握了卫星回收技术的国家。从原子弹到氢弹,美国用了7年,苏联用了12年,我国只用了2年8个月。"两弹一星"技术的突破,带动我国国防科技和武器装备建设跨上新的台阶,我国自行研制的枪械、火炮、装甲、舰船、飞机、导弹等各类兵器陆续装备三军部队。正因为如此,江泽民同志深有感触地说:"我们的装备发展,需要下决心。我最近去看了一次国防科研展览,今天有国防科工委的同志在,国防科工委的展览给了我很大的启发,应该说我们有一支非常好的技术力量,任劳任怨,艰苦奋斗,而且都生活在边疆。国防工业要靠我们自力更生的方针,不是不要国际合作,不要买技术,而是要建立在自力更生的基础上。我们'两弹'能够打上去,就是靠我们自力更生。"[①]

[①] 江泽民:《在全军军事工作会议上的讲话》,1990年12月1日。

改革开放以后,世界高技术发展迅猛异常,武器装备发展更新的速度不断加快。面对新的形势,邓小平多次强调我国国防科技和武器装备要以自行研制与生产为主。他指出:"中国的经验第一条就是自力更生为主。我们很多东西是靠自己搞出来的。苏联在斯大林时期对我们有些帮助,赫鲁晓夫等上台后则对我们采取敌视的态度,不仅不帮助我们,反而在中苏边境陈兵百万,威胁我们。在很长一个时期内,美国也敌视我们,直到1972年以后才有些变化。从50年代中期到70年代,即在新中国成立32年多的时间里大体有20几年,我们完全或基本上处于没有外援的状况,主要靠自力更生。没有外援也有好处,迫使我们奋发努力。在这种精神的激励下,我们在这个期间搞出了原子弹、氢弹、导弹,发射了人造卫星等。所以,我们向第三世界朋友介绍的首要经验就是自力更生。当然,这并不是说不要争取外援,而是要以自力更生为主。这样,就可以振奋起整个国家奋发图强的精神,把人民团结起来,就比较容易克服面临的各种困难。"[1]邓小平阐述的自力更生、自主创新的原则也是我军新时期国防科技和武器装备现代化建设所应遵循的方针。邓小平在1982年9月1日再次强调:"中国的事情要按照中国的情况来办,要依靠中国人自己的力量来办。独立自主,自力更生,无论过去、现在和将来,都是我们的立足点。"[2] 武器装备"可以从外国买,更要立足自己搞科学研究,自己设计出好的飞机、好的海军装备和陆军装备。"[3] 1986年,邓小平以战略家的气魄拍板:启动"863计划",抢占世界高科技前沿,掀起了中国人在科学技术领域自主创新的又一高潮。伟大的决策带来了伟大的成就:在航天领域,我国开展了天地往返运输系统、大型运载火箭、空间科学及

---

[1] 《邓小平文选》(第3卷),人民出版社1993年版,第361、372页。
[2] 《邓小平文选》(第3卷),人民出版社1993年版,第3页。
[3] 《邓小平文选》(第3卷),人民出版社1993年版,第129页。

第四章　强劲的创新能力

应用方面的跟踪研究和概念研究；计算机、人工智能及其相关技术的研究也取得重大进展；激光技术、水下机器人等一大批新成果的问世，为国防现代化注入了活力。

　　进入20世纪90年代以后，世界军事领域出现了前所未有的新变化，一场新的军事变革迅速兴起。新形势下，江泽民同志一再强调，我们的武器装备，还是要坚持自力更生，自主创新的方针，也不排除国际合作，引进技术，但是要以自力更生，自主创新为主，要在自力更生，自主创新的基础上把军事装备搞好。江泽民同志专门针对我国国防科技和武器装备的建设与发展明确指出：我们这样大的社会主义国家搞现代化建设，必须处理好扩大对外开放和坚持自力更生，自主创新的关系，把立足点放在依靠自己力量的基础上。要引进先进技术，但必须把引进和开发、创新结合起来。

　　进入21世纪以后，面对科技革命、时代演变和军事变革的大潮，胡锦涛深刻指出："实践告诉我们，对影响国家发展和安全战略全书的尖端科技，必须依靠自己的来取得突破，这样才能牢牢掌握推动经济社会发展和科技发展的战略主动。"[1] 从而进一步指明了我国实现国防科技和武器装备现代化的基本途径只能是靠自力更生，自主创新。

　　面对新的历史条件下，国际政治经济形势的风云变幻，习近平主席在会见嫦娥三号任务参研参试人员代表时的讲话明确指出："科技创新是提高社会生产力和综合国力的战略支撑，必须把科技创新摆在国家发展全局的核心位置，坚持走中国特色自主创新道路，敢于走别人没有走过的路，不断在攻坚克难中追求卓越，加快向创新驱动发展转变。"[2] 为在新的历史条件下，为实

---

[1]　胡锦涛：《在庆祝神舟六号载人航天飞行圆满成功大会上的讲话》，2005年12月6日。
[2]　习近平：《会见嫦娥三号任务参研参试人员代表时的讲话》，载于《解放军报》2014年1月7日。

现中华民族伟大复兴的中国梦而加速自主创新,指明了方向。

二、以自主创新促进国防科技和武器装备可持续发展

国防科技和武器装备,特别是尖端国防科技和武器装备,关乎国家的安危、民族的兴衰和战争的胜负。国防科技和武器装备必须根据装备发展的客观规律和国情军情,正确选择一种适合自身特点的发展方针。只有这样,才能保证国防科技和武器装备持续稳定地发展,为国防和军队建设提供可靠的物质保证。我国国防科技和武器装备建设之所以能在十分薄弱的基础上、十分艰苦的条件下取得突出的成就,完成了国防科技和武器装备一次又一次的历史性的跨越,实现了国防科技和武器装备的可持续发展,就是坚持了自力更生和自主创新。对此,江泽民同志曾明确指出:必须坚持自力更生、自主创新,掌握核心技术,拥有自主知识产权,最大限度地发挥已有的国防科技潜力和优势,把发展的主动权牢牢掌握在我们自己手中。胡锦涛同志着重强调:"必须坚持自主创新的方针,牢牢掌握科学技术发展的主动权。""要始终把提高自主创新能力摆在突出位置,显著提高我国的科技实力。"[1] 习近平主席要求我们:"要牢牢扭住国防科技自主创新这个战略基点,大力推进科技进步和创新,努力在前瞻性、战略性领域占有一席之地。要继续抓好基础研究这项打基础、利长远的工作,为国防科技和武器装备持续发展增强后劲。要紧贴实战、服务部队,使科技创新同部队建设发展接好轨、对好焦。要加强自主创新团队建设,搞好科研力量和资源整合,形成推进科技创

---

[1] 胡锦涛:《在庆祝神舟六号载人航天飞行圆满成功大会上的讲话》,2005年12月6日。

新整体合力。"① 自力更生,自主创新,既是对我国包括"两弹一星"在内的国防科技和武器装备发展历史经验的科学总结,也是对当代国防科技和武器装备客观规律的准确把握,是我国国防科技和武器装备可持续发展的持续推动力量。

(一) 科学技术的本质就是创新,要不断有所发现,有所发明

创新,包括理论创新、体制创新、科技创新及其他创新。科技革命已经成为当代社会经济的变革主要动力,所以科技创新在当今社会创新中就显得尤为重要。正因为如此,习近平主席明确指出:"科技是国家强盛之基,创新是民族进步之魂。自古以来,科学技术就以一种不可逆转、不可抗拒的力量推动着人类社会向前发展。16世纪以来,世界发生了多次科技革命,每一次都深刻影响了世界力量格局。从某种意义上说,科技实力决定着世界政治经济力量对比的变化,也决定着各国各民族的前途命运。"② 武器装备是科学技术物化的结果。尖端武器装备是尖端科学技术物化的结果。国防尖端武器装备发展必须坚持创新,是由科学技术的创新本质所决定的。"两弹一星"的研制过程,"高新技术工程"实施的过程,无一不是在国防科技领域,特别是在尖端国防科技领域,不断创新的过程。我国国防科技和武器装备建设的成功实践充分证明,我们只有准确地把握科学技术的创新本质,充分利用科技创新对解放和发展社会生产力的巨大的促进作用,才能加速推进包括国防和军队现代化在内的社会主义现代化建设步伐。

首先,创新是科学技术的本质。科学的本质就是创新,要不断有所发现,有所发明。这一论断深刻地揭示了科学技术的本

---

① 习近平:《在视察国防科学技术大学时的讲话》(2013年11月5日),解放军报,2013年11月7日。
② 习近平:《在中国科学院第十七次院士大会、中国工程院第十二次院士大会上的讲话》,人民出版社2014年版,第3页。

质,也从一个侧面揭示了科技创新在当代创新中的特殊地位。科学技术是人类在改造世界和认识世界中所获得的系统化、理论化的知识体系,是人类创新成果的最高结晶。科学发现的过程,实际上就是一个不断创新的过程,"扬弃旧义,创立新知"的过程,一个科学家要在科学研究中有所发现,除了要掌握广博的知识之外,更重要的是要有一种面向未来的心态,一种做好准备探求未知领域的创新精神。他们必须学会提出、识别和评价尚未给出明确答案的问题,必须获得一些方法作为武器,必须具有怀疑的审慎眼光,不抱偏见,对新事物、新现象极其敏感,能大胆提出前人未曾设想意见。归根结底,就是必须具有创新精神和创新能力。技术发明的过程也是一个创新的过程,它是从已知的科学原理出发,创造出天然自然中从未有过的人工自然的过程。历史上的科学发现和技术突破,无一不是创新的结果。20世纪相对论、量子论、基因论、信息论的形成,都是创新思维的成果。搞科学技术特别是高技术,创新非常重要。

在波涛滚滚的世界高科技浪潮面前,正在向负责任的世界大国迈进的中国应该怎么办呢?江泽民同志曾指出:"面对世界科技进步日新月异的挑战,面对我国现代化建设提出的巨大科技需求,我们必须开阔眼界,紧跟世界潮流,抓住那些对我国经济、科技、国防和社会发展具有战略性、基础性、关键性作用的重大科技课题,抓紧攻关,自主创新。历史反复证明,推进科技发展,关键要敢于和善于创新。有没有创新能力,能不能进行创新,是当今世界范围内经济和科技竞争的决定性因素。"[①] 胡锦涛同志也曾要求我们:"要坚持把推动自主创新摆在全部科技工作的突出位置,大力增强科技创新能力,大力增强核心竞争能

[①] 江泽民:《在中国科学院第十次院士大会和中国工程院第五次院士大会上的讲话》,2000年6月5日。

力，在实践中走出一条具有中国特色的科技创新的路子。"① 习近平主席也强调："在日趋激烈的全球综合国力竞争中，我们没有更多选择，非走自主创新道路不可。"② 因此，正确把握科学技术的创新本质，努力提高科技创新能力，是提高整个民族、整个国家创新能力的关键。

其次，科技创新已经成为解放和发展生产力的重要力量。早在 100 多年前，马克思就提出了科学技术是生产力的重要思想。30 年前，党的第二代领导核心邓小平则进一步提出"科学技术是第一生产力"著名论断。20 年前，江泽民同志明确作出了"科技创新已越来越成为当今社会生产力的解放和发展的重要基础和标志"的准确判断。面对世界科技革命深入和知识经济的发展，胡锦涛同志曾指出："当代科技革命的一个显著特点，是科技创新出现群体突破态势，表现为新的技术群和新的产业群的蓬勃发展。尤其是科技创新、转化和技术更新速度不断加快，自主创新能力已经成为国家核心竞争力的决定性因素。"③ 并要求我们始终把解放和发展生产力的基点，始终放在科技创新上。对此，习主席深刻指出："科技兴则民族兴，科技强则国家强。重视科技的历史作用，是马克思主义的一个基本观点。恩格斯说：'在马克思看来，科学是一种在历史上起推动作用的、革命的力量。'邓小平同志对科技作用的著名论断大家都很熟悉，就是'科学技术是第一生产力'。近代以来，中国屡屡被经济总量远不如我们的国家打败，为什么？其实，不是输在经济规模上，而是输在科技落后上。新中国成立以来特别是改革开放以来，我们取得了'两弹一星'、载人航天、载人深潜、超级计算等一系列

---

① 胡锦涛：《在中央政治局第 18 次集体学习时的讲话》，2004 年 12 月 28 日。
② 习近平：《在参加全国政协十二届一次会议科协、科技界委员联组讨论时的讲话》，2013 年 3 月 4 日。
③ 胡锦涛：《在中科院、工程院院士大会上的讲话》，2004 年 6 月 2 日。

重大科技突破,极大振奋了民族精神,极大提升了我国国际地位。"① 从我国科技创新推进社会经济发展的实践看,科技创新是解放和发展生产力重要力量主要体现在如下几个方面。

科技创新是现代社会财富增长的基本途径。江泽民曾指出:"正是基于物质科学、生命科学和思维科学等的突破性进展,人类创造了超过以往任何一个时代的科学成就和物质财富。21世纪,科技创新将进一步成为经济和社会发展的主导力量。形势逼人啊!我们不加紧努力,与世界先进水平的差距就会进一步拉开。掌握前人积累的科技成果,扬弃旧义,创立新知,并传播到社会,延续至后代,不断转化成生产力和社会财富,这是知识传承和发展的通途。关键是要能够在已有的基础上不断进行创新。"② 胡锦涛主席也曾强调:"科学技术是经济社会发展的一个重要基础资源,是引领未来发展的主导力量。实现现代化,关键是科学技术现代化。"③ 面对新一轮科技革命的浪潮,习近平主席指出:"历次产业革命都有一些共同特点:一是有新的科学理论作基础,二是有相应的新生产工具出现,三是形成大量新的投资热点和就业岗位,四是经济结构和发展方式发生重大调整并形成新的规模化经济效益,五是社会生产生活方式有新的重要变革。这些要素,目前都在加快积累和成熟中。即将出现的新一轮科技革命和产业变革与我国加快转变经济发展方式形成历史性交汇,为我们实施创新驱动发展战略提供了难得的重大机遇。"④

科技创新是生产力的重要变革。江泽民曾指出:"科技创新是生产力的重要变革,经济体制创新是生产关系的重要变革,把这两种变革紧密结合起来,把这两方面都搞好,我国经济就会更

---

①④ 习近平:《在十八届中央政治局第九次集体学习时的讲话》,2013年9月30日。

② 江泽民:《在中国科学院第十次院士大会和中国工程院第五次院士大会上的讲话》,2000年6月5日。

③ 胡锦涛:《在中科院、工程院院士大会上的讲话》,2004年6月2日。

好地持续快速健康发展。"① 他在考察中国科学院大连化学物理研究所时曾强调:"在当今世界科技进步日新月异的形势下,要实现我国社会主义现代化建设跨世纪发展的战略目标,必须坚定不移地贯彻落实邓小平同志提出的'科学技术是第一生产力'的重要思想,全面实施科教兴国战略,大力推进知识创新和科技创新,特别要加强对我国经济发展和社会进步具有基础性、战略性、前瞻性意义的科技创新,为增强我国的经济实力和国防实力,提高人民生活水平,不断从科技上提供强大的推进力量。"胡锦涛主席也曾强调:"当今世界,科学技术正成为经济社会发展的决定性力量,科技自主创新正成为国家竞争力的核心。"② "科学技术是第一生产力,是经济社会发展的重要推动力量。当今世界,全球性科技革命蓬勃发展,高新技术成果向现实生产力的转化越来越快,特别是一些战略高技术越来越成为经济社会发展的决定性力量。"③ 习近平主席强调:"在新一轮科技革命和产业变革大势中,科技创新作为提高社会生产力、提升国际竞争力、增强综合国力、保障国家安全的战略支撑,必须摆在国家发展全局的核心位置。"④

必须把科技创新放在重要战略位置。在这世纪交替的重要历史时刻,如何推进我国的科技进步和创新,发挥科学技术第一生产力的重大作用,为我国经济和社会发展不断提供强大的推动力量,使我国在未来激烈的国际竞争中获得新的更大的发展,是我们必须认真思考的重大课题。因此,必须真正把科技进步和创新放在更加重要战略位置。创新是一个民族进步的灵魂,是一个国

---

① 江泽民:在参加九届人大三次会议上海代表团审议时的讲话,2000年3月7日。

② 胡锦涛:在会见中国科学院学部"走中国特色自主创新之路"院士座谈会与会代表时的讲话,2005年8月19~23日。

③ 胡锦涛:在中央政治局第18次集体学习时的讲话,2004年12月28日。

④ 习近平:《在〈努力在新一轮科技革命和产业变革中占领制高点〉上的批示》,2014年6月23日。

家兴旺发达的不竭动力。没有科技创新，总是步人后尘，经济就只能永远受制于人，更不可能缩短差距。目前，国际社会有一种说法，认为人类社会正在迈向知识经济的新时代。按照经济合作与发展组织（OECD）的定义，知识经济是指建立在知识的生产、分配和应用之上的经济。他们认为，拥有更多知识的企业是市场竞争的赢家，拥有更多知识的国家有着更高的产出。知识经济这个概念，如何正确理解和使用，还可以斟酌，但知识创新对经济发展的巨大推动作用，是毋庸置疑的。当今世界的竞争，归根到底，是综合国力的竞争，实质则是知识总量、人才素质和科技实力的竞争。中华民族是勤劳智慧的民族，也是富于创新精神的民族，现在我们更要十分重视创新。要树立全民族的创新意识，建立国家的创新体系，增强企业的创新能力，把科技进步和创新放在更加重要的战略位置，使经济建设真正转到依靠科技进步和提高劳动者素质的轨道上来。同时，大胆吸收和借鉴人类社会创造的一切文明成果。我们是发展中国家，应该更加重视运用最新技术成果，实现技术发展跨越。

最后，通过科技创新推动我国经济和社会的发展。既然科技创新已经成为解放和发展生产力的重要力量，那么，我们就必须充分利用这种力量，实现经济建设和社会发展的新飞跃。人类正在经历一场全球性的科技革命。以信息技术和生命工程为主要标志的科技进步日新月异，经济和社会发展主要依靠知识创新和知识的创造性应用的趋势，越来越明显。科技进步日益成为推动人类文明进步的一个重要力量。在21世纪，这一趋势会表现得更加突出。要迎接科学技术突飞猛进和知识经济迅速兴起的挑战，最重要的是坚持创新。面对经济全球化和世界科技进步日新月异的形势，我们必须加快国家经济和社会的发展，坚持解放思想，实事求是，勇于创新，开拓前进。

大力提倡科技创新。迎接未来科学技术的挑战，最重要的是要坚持创新，勇于创新。创新是一个民族的灵魂，是一个国家兴

第四章　强劲的创新能力

旺发达的不竭动力。今天,科技创新已经越来越成为当今社会生产力的解放和发展的重要基础和标志。面对世界经济和科技发展的新形势,我们必须在全国兴起一个科技进步和创新的高潮。孙中山先生说过:世界潮流,浩浩荡荡。顺之者昌,逆之者亡。我们如果不紧紧跟上科技进步的时代潮流,必然会陷入极为被动的境地。因此,我们必须把握潮流,乘势而上,努力提高我国的科学技术水平。

　　建立国家科技创新体系。要充分要大力推动科技创新,充分发挥科技创新在经济建设和社会发展中的突出推动作用,就必须建设完善的国家科技创新体系。江泽民同志在俄罗斯新西伯利亚科学城会见科技界人士时谈道:"最近我们又决定,由中国科学院率先进行建设国家知识创新体系的试点工程,就是要从下个世纪中国发展的战略需要和世界科学前沿的前景出发,明确新的科技目标,调整现有的运行机制,力争取得更多更大的科技创新成就,真正搞出中国的创新体系来。"[①] "面对世界经济和科技发展的新形势,我们必须在全国兴起一个科技进步和创新的高潮。我们要抓紧实施科教兴国战略和可持续发展战略,抓紧国家创新体系建设,抓紧推进科技创新和知识创新"。[②] 面对世界科技革命的新形势,习近平主席要求我们:"科学技术是世界性的、时代性的,发展科学技术必须具有全球视野。当前,科技创新的重大突破和加快应用极有可能重塑全球经济结构,使产业和经济竞争的赛场发生转换。在传统国际发展赛场上,规则别人都制定好了,我们可以加入,但必须按照已经设定的规则来赛,没有更多主动权。抓住新一轮科技革命和产业变革的重大机遇,就是要在新赛场建设之初就加入其中,甚至主导一些赛场建设,从而使我

[①]　江泽民:《在新西伯利亚科学城会见科技界人士时的讲话》,1998年11月24日。
[②]　江泽民:《在中国科学院第十次院士大会和中国工程院第五次院士大会上的讲话》,2000年6月5日。

们成为新的竞赛规则的重要制定者、新的竞赛场地的重要主导者。如果我们没有一招鲜、几招鲜,没有参与或主导新赛场建设的能力,那我们就缺少了机会。机会总是留给有准备的人的,也总是留给有思路、有志向、有韧劲的人们的。我国能否在未来发展中后来居上、弯道超车,主要就看我们能否在创新驱动发展上迈出实实在在的步伐。"①

加快科技创新成果的转化。充分发挥科技创新在经济、社会发展中的突出作用的关键,是加速科技创新成果向现实生产力的转化。江泽民曾指出:"人类社会不断发展,科技进步永无止境。现在西方发达国家包括一些发展中国家,都制定了面向新世纪的科技发展规划,并在加紧实施。我们必须奋起直追,迎头赶上,结合我国的实际和条件,加快形成自主的科技创新体系,集中力量解决经济社会发展的重大和关键技术,促进科技成果向现实生产力转化。中华民族是富有创新精神的民族。希望广大科技工作者团结一致,不断创造无愧于时代的业绩,为中华民族的全面振兴作出新的贡献。"② 要"在加强基础科学研究的同时,特别要加快高新技术的发展和产业化,积极推进科技体制改革,加速科技成果向现实生产力的转化,以利大力促进我国的经济建设,提高各行各业的科学技术现代化水平。"③ 习近平主席强调:"当今世界,谁牵住了科技创新这个'牛鼻子',谁走好了科技创新这步先手棋,谁就能占领先机、赢得优势。我国经济总量已跃居世界第二位,同时发展中不平衡、不协调、不可持续问题依然突出,人口、资源、环境压力越来越大,拼投资、拼资源、拼环境的老路已经走不通。老是在产业链条的低端打拼,老是在'微笑

---

① 习近平:《在中国科学院第十七次院士大会、中国工程院第十二次院士大会上的讲话》,人民出版社 2014 年版,第 11 页。
② 江泽民:《在接见国家科技奖励获奖代表时的讲话》,1999 年 1 月 8 日。
③ 江泽民:《在中国科学院第十次院士大会和中国工程院第五次院士大会上的讲话》,2000 年 6 月 5 日。

曲线'的底端摸爬,总是停留在附加值最低的制造环节而占领不了附加值高的研发和销售这两端,不会有根本出路。块头大不等于强,体重大不等于壮,虚胖不行。我们在国际上腰杆能不能更硬起来,能不能跨越'中等收入陷阱',很大程度取决于科技创新能力的提升。科技创新这件事,等待观望不得,亦步亦趋不行,要有一万年太久、只争朝夕的紧迫感和劲头,快马加鞭予以推进。当然,科学发展是不可能一万年的事情朝夕就办成的。"①

科技创新与体制创新相结合。江泽民曾指出"科技创新是生产力的重要变革,经济体制创新是生产关系的重要变革,把这两种变革紧密结合起来,把这两方面都搞好,我国经济就会更好地持续快速健康发展。"②"在现代化建设中,科技创新和体制创新是决定性的因素。要通过对知识、智力资源的有效配置和运行,努力增强我国的科技创新能力,不断为经济社会发展注入新的活力。"③习近平主席要求我们必须把科技创新与体制创新有机地结合起来,"着力破除制约创新驱动发展的体制机制障碍,完善政策和法律法规,创造有利于激发创新活动的体制环境"。④

当今世界,科学技术正成为经济社会发展的决定性力量,科技自主创新能力正成为国家竞争力的核心。随着全球化进程加快,资本、信息、技术和人才等要素在全球范围的流动与配置更加普遍,科技竞争日益成为国际竞争的焦点,科技创新能力特别是自主创新能力越来越成为国家竞争力的关键性因素。为此,世界上许多国家都把科技投资作为战略性投资,大幅度增加科技投入,超前部署和发展战略技术及其产业。在新的国际竞争格局中,发达国家及其跨国公司利用自身的技术和资本优势欲长久保

---

① 习近平:《在上海考察时的讲话》,2014年5月23日、24日。
②③ 江泽民:《在参加九届人大三次会议上海代表团审议时的讲话》,2000年3月7日。
④ 习近平:《主持召开中央财经领导小组第九次会议时强调》,2015年2月10日。

持其领先地位，他们用先进技术控制市场和资源，形成了高度垄断的趋势，知识产权已成为影响发展中国家现代化进程的最大不确定因素。诚如有关专家所分析的，21世纪发展中国家如果能够注重提高自主创新能力，不断提升发展优势，就有可能获得新的发展机遇和主动权，并以后发优势实现社会生产力的新跃升；否则，将继续拉大与先进国家的发展差距，甚至被边缘化。

进入21世纪以来，各国都把努力提高科学技术发展水平和科技竞争力作为应对未来社会挑战的关键。如美国在其《科学与国家利益》发展规划中提出，要"保持在所有科学知识前沿的领先地位"，并提出了科技"生态系统"新概念，强调要夯实科技发展基础，把科学当作"国家利益中的一种关键性投资。"日本则认为，科学技术不仅是社会持续发展的动力，而且是人类开拓未来的力量，明确提出要把日本发展成为"依靠知识创造和技术的灵活运用为世界作出贡献的国家"和"具备国际竞争力的可持续发展的国家"。

过去，我们依靠科技创新，在社会主义现代化建设的各个领域取得了令人瞩目的巨大成就，完成了包括"两弹一星"在内的一系列重大工程。今后，我们更应该努力提高自主创新能力，集中力量突破有影响力竞争力的关键技术，开发具有自主知识产权的核心技术，以从根本上增强我国核心产业的国际竞争力，保证我们的现代化建设顺利推进。

（二）武器装备完全靠买是买不来的，总的方针还是要靠自力更生、自主创新

马克思主义认为，任何事物都有其发生发展的客观规律，我们只有遵循并充分认识和把握这些规律，才能真正认识事物的本质，掌握事物发展的主导权。自力更生、自主创新之所以成为我国国防科技和武器装备建设的根本立足点和基本原则，是国防科技和武器装备建设自身所具备的客观规律所决定的。

第四章　强劲的创新能力

任何一个国家，其国防和军队建设是必须依靠自身的力量来完成的。因为不同的国家有不同的国家战略和军事战略，也必然有着不同的战略目标和战略重点。只有依靠自身的力量，按照自己的战略方针进行国防和军队建设，才能真正具备国家战略和军事战略所要求的军事能力，履行国家赋予军队的任务和使命。国防科技和武器装备建设也必须依靠自力更生、自主创新。只有这样，才不会在关键时刻受制于人，才能实现持续稳定地发展，才能不间断地为国防和军队现代化建设提供所需要的大量新型武器装备。因此，习近平主席在准确把握了我国国防科技和武器装备发展的自身规律后深刻指出："实践告诉我们，真正的核心关键技术是花钱买不来的，靠进口武器装备是靠不住的，走引进仿制的路子是走不远的。我们要在激烈的国际军事竞争中掌握主动，就必须大力推进科技进步和创新，大幅提高国防科技自主创新能力。"[1]

我们还清楚地记得，就在"两弹一星"事业艰难起步时，1959年6月，苏联致信中国政府，决定中断援助项目，不再提供原子弹样品和生产原子弹的技术资料，并开始撤走在华专家。赫鲁晓夫还嘲笑中国说："我看他们不仅得不到原子弹，到头来恐怕连裤子都穿不上。"富有创新精神的中国人民并没有被当时的困难所吓倒，而是高举自力更生、自主创新这面旗帜，在国防尖端科技的道路上勇猛攀登。当时的外交部部长陈毅元帅曾在很多场合说过："中国穷，当了裤子也要造出原子弹。"为了记住这个蒙受耻辱和遭受遏制的日子，中国科技人员将自己研制的第一颗原子弹的代号定为"596"，并加快了在独立自主、自力更生道路上奋进的步伐，不到10年的时间就完成了从原子弹到导弹、氢弹，再到人造卫星的成功跨越。

---

[1] 习近平：《深入贯彻落实党在新形势下的强军目标，加快建设具有我军特色的世界一流大学》，2013年11月5日。

过去"两弹一星"的研制成功,现在"高新技术工程"的成功实践,向我们诏示着如下真理:

首先,自力更生、自主创新是武器装备发展的客观要求。像人类其他工具一样,作为战争工具的武器装备也是一种人工创造物。也就是说,武器装备是人类创造出来,是人类智慧的结晶。那么,从一开始,武器装备就是人类创新的成果,是人类创造的一种特殊的人工物,创新性是武器装备固有的特性。武器装备发展的过程,就是人类不断创新的过程。武器装备水平提高的过程,也就是人类创新能力不断增强的过程。创新是武器装备发展的本质特征。然而,武器装备并不是一般的人工创造物,而是一种特殊的人工创造物。武器装备作为战争的工具和军事斗争的手段,与国家安危、民族的兴衰息息相关。对于任何一个国家或地区来说,要在军事斗争中掌握主动,一个最基本的前提,就是在军事技术特别是武器装备形成优势,即创造出比对手更加先进、更加优良的武器装备,只有这样,才能具备真正的军事优势,把握国际军事斗争的主导权。也是正因为如此,任何国家对一些尖端的、关键的军事技术和武器装备,都是深藏不露,绝不会轻易转让给其他国家的。即使是与军事应用相关的民用技术和设备,也只能转让一些次先进的,最先进的技术和设备是绝不允许转卖他人,总要千方百计进行限制。我们还清楚地记得,西方国家制定的所谓"巴统协定",就是限制其军事技术流入所谓的"危险国家"的一个具体规定。虽然在国际军火市场上,超级大国也出售一些军事技术和装备,但除了为赚钱之外,还作为支配和控制别国的一种手段而已,但最先进的核心技术和装备是不可能轻易出现在国际军火市场的。像美国的 F-117、B-2 等隐形飞机就绝不会出卖给其他国家,哪怕是紧跟其后的英国等所谓的盟国。因此,有人将武器装备称为秘密创新的成果。要掌握武器装备发展的主动权,把握先机,就必须依靠自身的力量,坚持不懈地自主创新,掌握具有自主知识产权的核心技术和关键装备,不断研制生产技术水平更高,性能更加优良的武器装备,只有这样,才能不受制于人,才能保证武器装备健康持久地发展,才能将国家安全和民族兴盛的主动权牢牢地掌握在自己手中。由此可见,自主创新是武器装备发展的客观要求。

其次,自力更生、自主创新是武器装备发展的不竭动力。武器装备发展历史告诉我们,武器装备发展的过程,就是不断自主创新的过程。正是在不断的自主创新过程之中,武器装备才从低到高、由简到繁,不断改善性能、提高水平、演变发展。我们中华民族之所以对世界武器装备发展作出了卓越的贡献,最关键的一点,就是不断地坚持自主创新。作为中国古代自主创新的最高成果的四大发明,不仅给世界文明的发展作出了突出的贡献,而且为世界武器装备的发展建立了卓越的功勋。对此,马克思就曾给予高度地评价,他说:"火药、指南针、印刷术——这是预告资产阶级社会到来的三大发明。火药把骑士阶层炸得粉碎,指南针打开了世界市场并建立了殖民地,而印刷术则变成新教的工具,总的来说变成科学复兴的手段,变成对精神发展创造必要前提的最大的杠杆。"[1] 中国人自主创新发明的火药技术,结束了冷兵器独据战场的时代,确立了人类战争史上热兵器发展的里程碑。火药技术的发展和传播,引起了世界范围的军事革命。中国自主创新发明制造的燃烧性火器、爆炸性火器,以及后来发展的管状火器,是现代击发型火器、爆炸型火器的始祖。到16世纪,中国自主创新发明制造的武器装备已十分可观,仅火铳、火枪、火箭、火球、火炮、地雷等火器已达到260多种,这些武器被誉为"军中第一利器"。中国人创造发明的火药和火器制造技术,从13世纪初期、中叶开始传入阿拉伯国家,13世纪末、14世纪初,又由阿拉伯国家传入欧洲各国。这不仅对欧洲近代枪械、火炮等武器的发展产生了巨大影响,而且促进了近代工业、经济和

---

[1] 马克思:《机器、自然力和科学的应用》,人民出版社1978年版,第67页。

科学技术的发展。然而，就在西方国家利用中国人发明创造的成果进一步自主创新，发明创造出许许多多新的军事技术成果的时候，由于封建帝制的腐朽没落，以及传统文化的禁锢，富于自主创新精神的中华民族却止步了，从而被不断自主创新的西方远远地抛在了后面，陷入落后挨打、任人宰割的悲惨境地。武器装备发展的历史雄辩地说明，自主创新才是武器装备不断发展更新的不竭动力。也正是因为如此，当代世界上武器装备现代化程度较高的军队、国家，都是高度重视在武器装备发展上的自主创新，并为此投入了大量的人力和物力。美国有1/3的科学家工程师在军事部门从事军事技术创新工作，全国3/4的研究人员从事与军事有关的研究工作。其中国防科研经费，1988年和1989年分别高达437亿美元、443亿美元，占政府科研费用的60%～70%。苏联时期的军事科研队伍也很庞大，据西方测算达80万人，军事科研费占军费的18%。印度为了增强武器装备的自主创新能力，专门成立了国防科研局。

最后，自力更生、自主创新是我国防科技和武器装备建设必须坚持的基本原则。实践证明，自力更生、自主创新，是我们真正在世界高科技领域占有一席之地的重要基石。尖端技术不可能从国外直接拿来，即使有的一时可以从国外引进，但如果我们不能进行有效的学习、消化和新的创造，最终还是会受制于人。唯有自己掌握核心技术，拥有自主知识产权，才能将祖国的发展与安全的命运牢牢掌握在我们手中。同时，要善于抓住一切可以抓住的机遇，有选择有重点地引进国外关键技术，把自主创造与必要引进有机结合起来。国防科技和武器装备建设的根本立足点应该是自力更生、自主创新，这是我们真正在世界高科技领域占有一席之地的重要基石，任何时候都不能有丝毫动摇。特别是在一些战略性、基础性和关键性的重大科技项目上，我们必须依靠自己，必须拥有自主创新的能力和自主知识产权。在这个问题上，我们的头脑必须十分清醒，切不可天真。历史的经验值得吸取。

60年代初，苏联背信弃义，撕毁合同，停止对华援助。20世纪80年代末，美国借口人权对我国进行制裁，终止双方军事技术合作项目，对我国装备建设造成严重损害。美国等西方国家出于遏制中国的战略图谋，对关键性的技术装备，必然会继续封锁我们。前些年，我国从以色列引进预警机设备，就是因为美国的干预半途而废。发展高技术，发展"杀手锏"武器装备，更要突出自主创新。

特别是像中国这样的大国，必须依靠自身的力量来发展国防科技和武器装备，建立自己完善的国防工业体系，具备较强的武器装备研制生产能力。外国人一方面靠不住，另一方面也靠不起。武器装备建设，直接关系到国家、民族的命运。许多新式的、尖端的、要害的国防科学技术与武器装备，保密性很强，通常情况下是不可能卖给其他国家的，不然的话，在以后的军事竞争中就无法保持技术优势，就会在军事斗争中陷入被动。自力更生，自主创新也是经济状况所决定的。发达国家的武器装备在向高、精、尖方向迅速发展，使其成本和价格暴涨，各国的军费支出不断增加，军备和社会经济发展的矛盾十分突出。发达国家尚且如此，我们国家的武器装备发展，更存在着经费不足的问题。因此，只有在忍耐中积极奋斗，艰苦创业，开源节流，挖潜革新，把自力更生、自主创新、量力而行、尽力而为科学地统一起来。

历史的经验告诉我们，完全靠买是买不来武器装备现代化的。武器装备作为一种特殊商品，与国家安危息息相关。真正尖端的、关键的国防科学技术和武器装备，任何国家都是深藏不露，绝不出卖的。即使是民用的，某些外国人还讲只能卖给次先进的，最先进的是不允许卖给我们的。虽然在国际军火市场上，超级大国也出售一些武器技术和装备，但除了为赚钱之外，还作为支配和控制别国的一种手段。所以说，完全靠买是靠不住的，而且也买不来武器装备的现代化。实际上，把武器装备现代化的宝押在买外国的技术和装备上，也是买不起的。现在高技术武器装备的成本成几何级数增长，一套先进的武器系统的价格几乎要用天文数字来表达。我们是发展中国家，综合国力还不算太强，经济上还不富裕，大量购买武器装备是我们的经济能力难以承受的。况且，国防和军队建设要服从国家经济建设大局，我们的军费很有限，武器装备现代化完全靠买是行不通的，也是不现实的。

（三）增强自主创新能力，实现技术发展的跨越

作为"两弹一星"伟大工程具体组织实施者，张爱萍同志一贯强调，发展国防科技和武器装备，必须从我国实际情况出发，依据自己的战略方针、作战指导思想，以及地理、经济特点，自力更生，自主创新，"闯出自己的路子"。他曾明确指出，高度的机械化、电子化是武器装备现代化的首要标志；武器装备建设要遵循标准化、规格化、制式化、系列化的要求；要有独创精神，走"跳跃"式发展的"捷径"，实现"超越性的发展"。他特别重视科学技术在武器装备建设中的先导和推动作用，多次指出，离开了科学技术，就寸步难行，一无所成。为了加快新型武器装备发展，他反复强调要坚决贯彻落实"科研先行"的方针，十分重视建立和完善科技机构并充分发挥作用。在早年确定试验基地体制编制时，他就提出，除司、政、后机关外，还必须设立技术部；1975年，他又向中央军委建议，在国防科委机关设立科技部；特别是在1982年国防科工委成立时，他创造性地提出要在国防科工委和整个国防科技工业系统建立科学技术委员会，专门负责研究论证国防科学技术发展的方向、重点和大政方针，这对提高决策的科学性、正确性起到了不可替代的作用。几十年来，我们始终坚持独立自主，科研先行，大胆创新，勇于"跳跃"，使我国国防高科技能够在世界高科技领域占有一席之地，并取得一个又一个举世瞩目的新突破，为后续的跨越式发展

第四章 强劲的创新能力

提供了强大的技术支持和动力。

"两弹一星"等国防科技和武器装备发展的客观实际已充分说明,自主创新始终是武器装备发展的灵魂。只有抓住了这一灵魂,才能适应武器装备发展的要求。只有抓住了这一灵魂,才能为武器装备发展提供不竭的动力,才能把发展的主动权牢牢地掌握在我们自己手中。只有抓住这一灵魂,不断自主创新能力,才能实现国防科技和武器装备发展的跨越。因此,习近平主席告诫我们:"创新是一个民族进步的灵魂,是一个国家兴旺发达的不竭源泉,也是中华民族最鲜明的民族禀赋。嫦娥三号任务是我国航天领域迄今最复杂、难度最大的任务之一,是货真价实、名副其实的中国创造。取得这样的成就,最根本的一点,就是中国航天事业始终坚持自力更生、自主创新。中国是一个大国,必须成为科技创新大国。嫦娥三号任务圆满成功,既是落实创新驱动发展战略的重要成果,又为加快实施这一战略提供了有益经验。我们要贯彻落实党的十八届三中全会精神,全面深化科技体制改革,扩大科技开放合作,为人类科技进步作出更大贡献。"[1]

现代武器装备是先进科学技术成果的综合体。我军和外军在武器装备上的差距,集中反映的是科学技术上的差距。加速武器装备现代化,很大程度上取决于国防科学技术的现代化。科学技术上不去,武器装备现代化不可能实现。要从根本上提高武器装备现代化水平,必须采取有力措施,开展科学技术研究,重点突破关键技术,增加技术储备,并以此增强武器装备的自主创新能力,实现武器装备现代化。因此,军队实现现代化必须依靠科学技术的进步。对于正处在从机械化半机械化向机械化信息化复合发展转变的中国军队,其现代化必须依靠科学技术进步,努力实现科技兴军。为此,习近平主席要求我

---

[1] 习近平:《在会见嫦娥三号任务参研参试人员代表时的讲话》,载于《解放军报》2014年1月7日。

们:"要牢牢扭住国防科技自主创新这个战略基点,大力推进科技进步和创新,努力在前瞻性、战略性领域占有一席之地。要继续抓好基础研究这项打基础、利长远的工作,为国防科技和武器装备持续发展增强后劲。要紧贴实战、服务部队,使科技创新同部队建设发展接好轨、对好焦。要加强自主创新团队建设,搞好科研力量和资源整合,形成推进科技创新整体合力。"① 我们要尊重科学,重视武器,要根据国家财力的可能,努力提高军队武器装备的现代化水平。但是我们不能搞唯武器论。还是毛主席讲的那句话:武器是战争的重要因素,但不是决定的因素,决定的因素是人而不是物。电子技术在国民经济建设和国防建设中的作用是举足轻重的。一定要抓好电子技术的发展,要搞出有世界先进水平的成果。

随着世界新技术革命的发展,科学技术在当代武器装备发展中的地位日益重要。江泽民同志指出:"国防现代化,更离不开科学技术的发展。海湾战争,使我们进一步看到了科学技术在现代战争中的作用。我们不是唯武器论者,相信最终决定战争胜负的是人,而不是物。但是,先进的武器毕竟是重要的,科学技术是不能忽视的。国防科技领域,我们要重点研究开发一些关键技术。掌握这些技术,是实现我国新时期军事战略的需要,也是整个现代化建设事业发展的需要。"② 胡锦涛同志强调:"简单扼要是第一生产力,也是推动国防和军队建设又快又好发展的巨大动力。要适应建设创新型国家的要求,围绕建设信息化军队、打赢信息化战争的目标,进一步实施科技强军战略,依靠科技进步和创新,加快战斗力生成模式转变。"③ 根据我军现代化建设水平

---

① 习近平:《在视察国防科学技术大学时的讲话》,载于《解放军报》2013年11月7日。

② 江泽民:《高度重视和大力发展科学技术》,载于《经济日报》1991年8月8日。

③ 胡锦涛:《在十届全国人大四次会议解放军代表团全体会议上的讲话》,2006年3月11日。

第四章　强劲的创新能力

与现代战争需要,我军现代化建设中的重点应是大力发展国防科技,研制出一批具有先进水平的高技术武器装备,以满足打赢一场未来信息化条件下的局部战争的需要。坚持自力更生,瞄准实现技术发展的跨越加强自主创新。推进国防科技建设要两条腿走路。一是坚定不移地发扬自力更生、奋发图强的精神,坚持自主创新,不断攀登科技高峰。二是抓住有利时机,有选择地引进先进的技术装备和管理方法,提高我国的武器装备水平。如果关起门来搞建设,拒绝学习国外先进的东西,是不可能实现现代化的,必须面向世界,跟上世界科技进步的潮流。但是,国防科技建设的根本立足点应该是自力更生,自主创新。在一些战略性、基础性的重大科技项目上,我们必须依靠自己,必须拥有自主创新的能力和自主知识产权。特别是发展"杀手锏"武器装备,我们主要应依靠自己的力量。

依靠科技创新发展国防科技和武器装备的跨越,主要体现在以下几个方面:创新要有解决棘手问题的勇气和魄力,要有攀登世界科学高峰的勇气和毅力;要科学制定装备发展的战略和规划,坚持跨越式发展;要加强前瞻性、基础性、战略性领域的科技创新,提高持续创新能力,在更高的水平上实现技术和装备的跨越式发展。为此,江泽民特别强调在科技研究和开发过程中,要注重"三个创新":一是观念创新。强调要突破旧的思想观念的禁锢,打破习惯势力和传统偏见,勇于探索,勇于开拓。二是基础创新。强调基础创新是"科学之本"和"技术之源",是提高原始创新能力,保证武器装备持续发展的关键所在。三是应用创新。强调要把创新成果尽快运用于装备科研生产中,军事技术成果转化要坚持"两条腿走路":一是加快预先研究成果向装备型号研制的转化;二是充分利用已有的高新技术成果,对现有武器装备系统的环节实施有选择有重点的技术改造。

三、通过自主创新集中力量突破关键技术

坚持有所为、有所不为，集中力量突破关键技术，是"两弹一星"的成功经验，也是我国国防科技和武器装备发展遵循的基本原则。江泽民同志在总结"两弹一星"主要经验时指出，坚持有所为、有所不为，集中力量打"歼灭战"，是"两弹一星"取得成功的关键。他强调："'两弹一星'事业，所以能够对增强我们的综合国力发挥重大作用，关键在于它的成功使我国在一些重大尖端技术领域取得了历史性的突破，进入了世界前列。'两弹一星'的研制工作者始终注意选准攻关的重点方向，把有限的人力、物力、财力集中起来，优化组合，形成合力，重点取得突破。实践证明，在物质技术基础比较落后的条件下发展科技事业，必须坚持有所为、有所不为的原则，集中力量发展那些一旦突破就能对经济发展和国防建设产生重大带动作用的关键科学技术，这样才更有利于赢得时间，缩小同发达国家的差距，并且首先在一些重点领域力争尽快进入世界高新科技发展的前沿阵地。"[①] 胡锦涛主席也强调："一个国家只有拥有强大的自主创新能力，才能在激烈的国际竞争中把握主动、赢得主动。特别是在关系国民经济命脉和国家安全的关键领域，真正的核心技术、关键技术是买不来的，必须依靠自主创新。"[②]"两弹一星""高新技术工程"等和国国防科技和武器装备发展的成功实践进一步证明，在物质技术基础比较落后的条件下发展科技事业，进行科技

[①] 江泽民：《在表彰为研制"两弹一星"作出突出贡献的科技专家大会上的讲话》，1999年9月18日。

[②] 胡锦涛：《在全国科学技术大会上的讲话》，2006年1月19日。

自主创新，必须集中力量发展那些一旦突破就能对经济发展和国防建设产生重大带动作用的关键科学技术，这样才更有利于赢得时间，缩小同发达国家的差距，并且首先在一些重点领域尽快进入世界高新科技发展的前沿。正因为如此，习近平主席要求我们："要有强烈的创新自信。我们要引进和学习世界先进科技成果，更要走前人没有走过的路，努力在自主创新上大有作为。如果总是跟踪模仿，是没有出路的。我们必须着力提高自主创新能力，加快推进国家重大科技专项，深入推进知识创新和技术创新，增强原始创新、集成创新和引进消化吸收再创新能力，不断取得基础性、战略性、原创性的重大成果。"[1]

（一）发展先进武器装备，必须集中力量突破关键技术

20世纪五六十年代以来，我国之所以能够在物质技术基础十分薄弱的条件下，迅速在"两弹一星"等重大尖端技术领域取得历史性突破，关键在于坚持了"有所为、有所不为"，"集中力量打歼灭战"的原则，集中力量突破了"两弹一星"工程的关键技术。毛泽东多次强调，没有重点就没有政策，要把尖端武器的研制放在突出地位。党中央和中央军委决定，在自力更生为主、力争外援和利用西方国家已有科技成果为辅的基础上，按照"缩短战线、任务排队、确保重点"的武器研制方针开展国防尖端技术攻关。

缩短战线，突出重点，集中力量突破关键技术和武器装备，一直是"两弹一星""高新技术工程"等重大国防科技和武器装备发展项目组织和实施者们坚持的一个重要原则。根据新中国成立初期国民经济和科技基础还比较薄弱的客观实际，作为"两弹一星"工程的直接组织者之一的张爱萍同志始终认为，国防科技和武器装备发展不能平均用力、全面铺开，必须统筹考虑需要与

---

[1] 习近平：《在中国科学院考察工作时的讲话》，2013年7月17日。

可能，抓住关键、选准目标，集中力量、重点突破。他特别强调：在一定时期内集中尽可能多的人力和物力，把国防科学技术，特别是国防尖端科学技术搞上去，是完全必要，完全正确的。1977年，他针对当时摊子过大、战线过长、项目过多、力量分散的严重状况，明确提出了"缩短战线，突出重点，狠抓科研，加速更新"的方针，压缩了一大批贪大求全、无力支撑的项目，确立了实事求是的奋斗目标，使国防科技和武器装备建设重新走上了持续、快速、协调发展的轨道。"三抓"之后，他又适时提出，要积聚力量，有计划地发展高技术，发展战略武器，发展电子技术。正是按照缩短战线、突出重点的基本思路。我们才能够在经济、科技力量有限的条件下，集中优势兵力，形成整体合力，打赢20世纪五六十年代"两弹一星"攻坚战，创新七八十年代"三抓"工程新成就。

  进入21世纪之后，我国国防科技和武器装备建设进入了新的重要时期。如何通过科技创新和管理创新促进国防科技发展，加快武器装备建设步伐，是摆在我们面前紧迫而艰巨的历史任务。我军武器装备体系的整体质量与世界军事强国相比还有不小差距，需要跨越的国防科技领域众多，但我国的经济实力和科技水平与发达国家相比尚有一定差距，因此不可能全面铺开，必须坚持需求牵引与科技推动相结合，突出国家安全的需要，兼顾武器装备体系建设的长远需求，选准方向，重点突破对国家安全具有重大意义的关键技术，通过关键技术突破与综合集成创新，促进国防科技水平的整体跃升。正因为如此，江泽民同志指出："面对世界科技进步日新月异的挑战，面对我国现代化建设提出的巨大科技需求，我们必须开阔眼界，紧跟世界潮流，抓住那些对我国经济、科技、国防和社会发展具有战略性、基础性、关键性作用的重大科技课题，抓紧攻关，自主创新。历史反复证明，推进科技发展，关键要敢于和善于创新。有没有创新能力，能不能进行创新,是当今世界范围内经济和科技竞争的决定性因素。"① 江泽民同志强调:"对中国来说,大力推进科技创新、实现技术发展的跨越极为重要。我们必须紧跟世界潮流,抓住那些对我国经济、科技、国防和社会发展具有战略性、基础性、关键性作用的重大科技课题,抓紧攻关,自主创新。同时,我们也要积极加强同国际科技界的交流与合作,努力学习和运用世界先进科技成果。"② 胡锦涛同志也曾强调:"要坚持有所为有所不为的方针抓住那些对我国经济、科技、国防、社会发展具有战略性、基础性、关键性作用的重大课题,努力把科技资源集中到带着现代化全局的战略高技术领域,集中到带着实现全面协调可持续发展的社会公益性研究领域,集中到带着科技事业自身持续发展的重要领域和基础研究领域,抓紧攻关,争取突破。"③ 在新的历史条件下,习近平主席要求我们:"要准确把握重点领域科技发展的战略机遇,选准关系全局和长远发展的战略必争领域和优先方向,通过高效合理配置,深入推进协同创新和开放创新,构建高效强大的共性关键技术供给体系,努力实现关键技术重大突破,把关键技术掌握在自己手里。"④

(二) 加强基础性、战略性、前瞻性领域的科技创新,提高持续创新能力

发展先进武器装备,必须集中力量突破关键技术。那么,在国防科技和武器装备的自主创新中,应该重点突破哪些关键技术领域,才能不断提高国防科技和武器装备的持续创新能力呢?"两弹一星""高新技术工程"等国防科技和武器装备发展的成

---

① 江泽民:《在中国科学院第十次院士大会和中国工程院第五次院士大会上的讲话》,2000年6月5日。
② 江泽民:《在北戴河会见诺贝尔奖获得者时的讲话》,2000年8月5日。
③ 胡锦涛:《在中央政治局第十八次集中学习时的讲话》,2004年12月28日。
④ 习近平:《在中国科学院第十七次院士大会、中国工程院第十二次院士大会上的讲话》,人民出版社2014年版,第12页。

功实践清楚地告诉我们，必须抓住国防科技和武器装备发展中的一些起战略性、基础性、关键性作用的重大领域和课题，集中力量进行攻关，并通过这些领域和课题的突破，带动整个国防科技和武器装备的整体创新发展。对于整个国家来说，就是要抓住对经济、科技、国防、社会发展具有基础性、战略性、前瞻性的领域和课题，集中力量进行攻关。正因为如此，习近平主席要求我们："要高度重视原始性专业基础理论突破，加强科学基础设施建设，保证基础性、系统性、前沿性技术研究和技术研发持续推进，强化自主创新成果的源头供给。要积极主动整合和利用好全球创新资源，从我国现实需求、发展需求出发，有选择、有重点地参加国际大科学装置和科研基地及其中心建设和利用。"[1] 努力在世界高技术领域占有一席之地。

加强基础研究和技术前沿的创新探索。"两弹一星"等国防科技和武器装备发展项目的成功，是建立在坚实的基础研究和技术前沿探索之上的。没有核物理学、空气动力学等基础学科领域的研究，没有核技术、导弹技术等前沿技术的突破，"两弹一星"是绝对不可能成功的。原二机部副部长、第七届全国政协科技界委员李觉清楚地记得：中央搞"两弹一星"的决心下得早，下得坚决，而且新中国成立后中国的科学事业一直受到重视。20世纪50年代，就有钱三强领导的原子能研究所，陈芳允负责筹建的电子学研究所，还有王大珩领导的长春光学机械研究所等，各个研究所同时成立起来了。实际上那时整个科学研究是处于打基础的阶段。对"两弹一星"事业来说，这个基础是非常重要的，它体现了党中央决策的深谋远虑。我们从提出搞原子弹到1964年10月16日的第一声"响"的速度之快，也正是在这基础上，自力更生、大力协同、创新攻关的结果。同样，现代高新

---

[1] 习近平：《在中国科学院第十七次院士大会、中国工程院第十二次院士大会上的讲话》，人民出版社2014年版，第12页。

第四章 强劲的创新能力

技术是建立当代基础科学理论的突破和高技术前沿创新的基础之上的。没有基础研究的突破和技术前沿的创新，就不可能有高技术的形成和发展。加强科技自主创新，不断提高科技自主创新能力，就必须首先加强基础研究和前沿的创新探索。正因为如此，江泽民同志曾指出："基础研究和高技术前沿的创新探索，是科技进步的先导与源泉。基础研究和高技术前沿探索中取得的新突破，往往会带来高技术及其产业的兴起。我们要继续注重加强基础研究高技术前沿探索，逐步加大这方面的投入。既要支持广大科学家围绕国家确定的目标开展定向基础研究和应用研究与开发，也要热情鼓励一些科学家进行自由探索式的研究。基础研究要坚持有所为有所不为，选准方向，突出重点，鼓励大胆创新。"[1] 胡锦涛也曾强调："基础科学研究对科技进步和人类社会发展具有巨大推动作用，一项重大的基础科学研究成果，往往能够极大地打动人类思想进步，也往往能够引起技术革命和产业革命。发展基础科学研究，要从国家长远发展需要出发，坚持有所为有所不为，尊重规律，突出重点，集中力量，在某些方面长期攻坚，取得突破，攀登世界科学高峰。同时，要大力加强应用技术的开发和推广，集中力量解决经济社会发展的重大和关键技术问题，加快科技成果向现实生产力转化，实现技术发展的跨越。"[2] 习近平主席指出："基础研究是整个科学体系的源头，是所有技术问题的总机关，是武器装备发展的原动力。只有重视基础研究，才能永远保持自主创新能力。当前，基础研究和应用开发关联度日益增强，基础研究显得更为重要。要继续抓好这项打基础、利长远的工作，为国防科技和武器装备持续发展增强后劲。"[3]

---

[1] 江泽民：《在全国技术创新大会上的讲话》，1999年8月23日。
[2] 胡锦涛：《在看望著名科学家朱光亚、杨乐时的讲话》，2004年12月24日。
[3] 习近平：《深入贯彻落实党在新形势下的强军目标，加快建设具有我军特色的世界一流大学》，2013年11月5日。

积极发展战略高技术。紧紧抓住几个具有战略意义的技术领域，集中力量攻关，一旦突破，就会对国家经济、社会等各个方面带来革命性的影响。"两弹一星"工程和"高新技术工程"等就是如此。"两弹一星"事业的发展，不仅使我国的国防实力发生了质的飞跃，而且广泛带动了我国科技事业的发展，促进了我国的社会主义建设，造就了一支能吃苦、能攻关、能创新、能协作的科技队伍，极大地增强了全国人民开拓前进、奋发图强的信心和力量。"两弹一星"的伟业，是新中国建设成就的重要象征，是中华民族的荣耀与骄傲，也是人类文明史上的一个勇攀科技高峰的空前壮举。加强具有战略性、全局性影响的高技术领域的攻关，通过战略高技术的发展带动和促进整个高技术乃至经济社会的发展，既是"两弹一星"工程、"高新技术工程"等带给我们的重要启示，也是我国科技自主创新中必须着重把握的关键环节。因此，我们要积极发展战略高技术，特别是要发展对经济增长有重大带动作用、具有自主知识产权的核心技术和配套技术，为加快调整经济结构、转变经济增长方式提供强大支撑，为保持我国经济长期平衡较快发展提供强大支撑，为提高我国国际竞争力和对抗能力提供强大支撑。

努力掌握核心技术。掌握核心技术是"两弹一星""高新技术工程"等国防科技和武器装备发展重大项目取得成功的关键。在中央作出发展"两弹一星"的决策时，就迅速制定相应的十二年科学规划，提出了必须突破和掌握六大项关键技术，其中最主要的是原子弹和导弹，其他几项是半导体、计算机、自动化和电子学。这些核心技术的掌握，为"两弹一星"的成功奠定了坚实的基础。在当代，要在世界高科技领域占有一席之地，也必须努力掌握核心技术。历史的经验已经充分证明，在尖端技术发展中，我们只有始终如一地坚持自力更生，自主创新，才能真正有所突破，有所作为，把核心技术和关键技术掌握在自己手中。在当时的国际条件下，"两弹一星"事业只能依靠我们自己的力量进行。广大研制工作者充分发挥聪明才智,敢于创新、善于创新。他们攻破了几千个重大的技术难关,制造了几十万台件设备、仪器、仪表。他们知难而进,奋力求新,不仅使研制工作在较短时期内连续取得重大成功,而且有力地保证了我国独立掌握国防和航天的尖端技术。实践证明,自力更生、自主创新,是我们真正在世界高科技领域占有一席之地的重要基石。尖端技术不可能从国外直接拿来,即使有的一时可以从国外引进,但如果我们不能进行有效的学习、消化和新的创造,最终还会受制于人。唯有自己掌握核心技术,拥有自主知识产权,才能将祖国的发展与安全的命运牢牢掌握在我们手中。

(三) 依靠科技创新,加快国防科技和武器装备发展步伐

20世纪70年代以来,随着以信息技术为核心的高新技术的迅猛发展,一场新的科技革命在全球范围内迅速展开,并日益成为社会进步、经济腾飞、时代变革、军事革命的主要动力。高科技竞争也就成为当代综合国力竞争的核心内容之一。江泽民在深刻分析了当今世界综合国力竞争的态势后提出,当今世界的竞争,归根到底,是综合国力的竞争,实质则是知识总量、人才素质和科技实力的竞争。中华民族要在竞争中占据有利的地位,真正实现民族的振兴和国家的富强,就必须大力发展高科技,在世界高科技领域中,中华民族要占有应有的位置。正如习近平主席所强调的:"科技创新是提高社会生产力和综合国力的战略支撑,必须摆在发展全局的核心位置。"[1] "谁牵住了科技创新这个牛鼻子,谁走好了科技创新这步先手棋,谁就能占领先机、赢得优势。"[2] 因此,"我国科技发展的方向就是创新、创新、再创新。要坚定不移走中国特色自主创新道路,坚持自主创新、重点跨

---

[1] 习近平:《在天津视察时的讲话》,2013年5月14日。
[2] 习近平:《在上海考察调研时的讲话》,2014年5月24日。

越、支撑发展、引领未来的方针，加快创新型国家建设步伐"。[1]

在科技革命和时代变革的推动和促进下，从20世纪80年代开始，一场新的军事变革在全球范围内蓬勃兴起，并在21世纪逐步走向深入。这场以军事理论变革为先导，军事技术变革为前提，军事组织变革为关键的军事变革，将彻底地改变人类军事活动的整体面貌和战争的整体形态，促使工业时代的机械化武器装备体系、机械化军队、机械化战争，向信息时代的信息化装备体系、信息化军队、信息化战争的革命性转变。世界新军事变革的蓬勃兴起和深入发展，既为我国国防和军队建设的跨越式发展提供历史性的机遇，也对我国国防和军队建设提出了严峻的挑战。如何抓住机遇，迎接挑战，努力完成机械化信息化双重历史任务，实现建设信息化军队、打赢信息化战争的战略目标，是摆在我们面前的一个重大历史课题。军事技术变革是新军事变革的前提和基础。加快国防科技和武器装备建设步伐，努力实现机械化半机械化武器装备向信息化武器装备的革命性转变，是加速推进中国特色军事变革的关键所在。为此，必须广泛借鉴"两弹一星""高新技术工程"等的成功经验，依靠科技创新，加快国防科技和武器装备发展步伐，为国防和军队现代化建设提供坚实的物质技术保障。

实现技术发展的跨越。"两弹一星""高新技术工程"的成功实践告诉我们，在技术水平相对落后的情况下，要实现武器装备的跨越式发展，首先必须实现技术上的跨越。实际上，我国第一颗原子弹的理论、结构设计，各科零部件、组件和引爆控制系统的设计和制造以及各种测试方法和设备，都与美国和苏联的设计有很大的不同，都在一定程度上实现了技术上的跨越。我国的氢弹也没有遵循美国和苏联提出的分段式设计原则，而是选择了

---

[1] 习近平：《在中国科学院第十七次院士大会、中国工程院第十二次院士大会开幕式上的讲话》，2014年6月9日。

跨越一个技术发展阶段、走高级的热核武器道路。人造地球卫星的研制是以自主开发为主、借鉴发达国家先进技术实现的技术跨越。从第一颗原子弹爆炸到第一颗氢弹爆炸，美国用了7年4个月，苏联用了4年，英国用了4年7个月，法国用了8年6个月。而我国只用了2年8个月，发展速度是最快的，而且在氢弹的体积、重量和聚变比方面都比美、苏第一颗氢弹的技术水平先进。目前，我们在高科技领域与世界先进水平还有较大的差距，要真正在世界高科技领域占有一席之地，实现国防科技和武器装备的跨越式发展，如果我们在技术发展上还是按照传统的递进式发展模式，亦步亦趋、按部就班地发展，是不可能实现历史性跨越的。因此，要采取各种有效的措施，增强自主创新能力，实现技术发展的跨越。江泽民同志曾指出："世界历史上曾经有过许多通过技术创新后来居上的成功范例，我国在一些领域也有这样的范例。现在，我们已具备在一些领域实现技术跨越式发展的基础和条件。关键是要在学习、消化吸收国外先进技术的同时，加强自主创新，加强人才培育，加强创新基础建设，提高企业的创新能力，掌握科技发展的主动权，在更高的水平上实现技术发展的跨越。"[1] "同时，要大力加强应用技术的开发和推广，集中力量解决经济社会发展的重大和关键技术问题，加快科技成果向现实生产力转化，实现技术发展的跨越。"[2] 胡锦涛主席也强调："重点跨越，就是坚持有所为有所不为，选择具有一定基础和优势、关系国计民生和国家安全的关键领域，集中力量、重点突破，实现跨越式发展。"[3] 在新的形势下，习近平主席明确要求我们：要"增强创新自信。经过长期努力，我们在一些领域已接近或达到世界先进水平，某些领域正由'跟跑者'向'并行者'

---

[1] 江泽民：《在全国技术创新大会上的讲话》，1999年8月23日。
[2] 胡锦涛：《在看望著名科学家朱光亚、杨乐时的讲话》，2004年12月24日。
[3] 胡锦涛：《在全国科学技术大会上的讲话》，2006年1月19日。

'领跑者'转变,完全有能力在新的起点上实现更大跨越。我国广大科技工作者一定要有这个信心和决心"。①

形成自己的技术优势。"两弹一星""高新技术工程"的实践证明,在国防尖端技术,特别是尖端武器装备发展过程中,学习、引进、吸收国外的先进技术是十分必要的。但关键还是要在学习、引进的基础上自主创新,形成自己的技术优势。"两弹一星"元勋程开甲院士深有感触的回忆:我们发展和试验核武器的方式与别人的不同,所以我们跑得比别人快十倍、百倍,别国做了上千次试验,我们仅做了几十次就赶了上去。通过核武器的研制和试验,我们得到的结论是:只有坚持自力更生、走自己的路,我们所从事的事业才能在自己的基础上快速发展。目前,尽管经过艰苦的努力我国国防科技和武器装备建设取得了突出的成就,有些领域甚至进入世界先进行列,但是,我们必须清醒地认识到,在军事技术和武器装备方面,我们与世界先进水平还有较大的差距,我们的国防科技和武器装备发展基础还比较薄弱。在这种情况下进行武器装备现代化建设,一方面,要积极学习、引进、国外的先进军事技术;另一方面,要在学习、吸收国外先进技术的基础上自主创新,力争形成自身的技术优势,掌握克敌制胜的"杀手锏"。正如习近平主席所指出的:"高端科技就是现代的国之利器。近代以来,西方国家之所以能称雄世界,一个重要原因就是掌握了高端科技。真正的核心技术是买不来的。正所谓'国之利器,不可以示人。'只有拥有强大的科技创新能力,才能提高我国国际竞争力。希望你们积极抢占科技竞争和未来发展制高点,突破关键核心技术,在重要科技领域成为领跑者,在新兴前沿交叉领域成为开拓者,为经济社会发展、保障和改善民

---

① 习近平:《在参加全国政协十二届一次会议科协、科技界委员联组讨论时的讲话》,2013年3月4日。

生、保障国防安全提供有力科技支撑。"① "当然,自主创新不是闭门造车,不是单打独斗,不是排斥学习先进,不是把自己封闭于世界之外。我们要更加积极地开展国际科技交流合作,用好国际国内两种科技资源。"②

具备自主研发能力。"两弹一星""高新技术工程"等成功实践还说明,在国防科技和武器装备发展中,特别是在尖端国防科技和武器装备发展过程中,具备自主研发能力是一个不可或缺的先决条件。如果不通过科技创新,形成自主研发能力,就不可能有"两弹一星"的伟大成功。一位"两弹一星"的研制者还清楚地记得:当时导弹是用液氧做氧化剂,燃料是酒精,他们就叫车间自己生产。按照苏联的规格我们生产的液氧完全合格,但正要用的时候,苏联专家说:"中国的液氧恐怕靠不住,还是向苏联订液氧,用漕车运来。"苏联专家的话一言九鼎,他们就准备这样做。但是赫鲁晓夫撕毁了合同,结果他们又不卖给我们液氧了。还有,由于液氧酒精发热量比较低,根据钱学森的意见,准备用液氧煤油替代酒精。苏联的首席专家帕夫罗夫就说:"不要搞,我们苏联没有搞这个。"他们就停下来了。现在我们知道实际上当时苏联搞了,但他硬是告诉我们"不要搞",等于绊我们的腿,不让我们向前走。这就更证明一件事情:不自力更生,完全靠别人是靠不住的。在技术上他们可以说一些假话,在实物上他可以不卖给你。如果躺在他们的身上,我们永远也不能实现国防现代化。因此,习近平主席告诫我们:"实践告诉我们,真正的核心关键技术是花钱买不来的,靠进口武器装备是靠不住的,走引进仿制的路子是走不远的。我们要在激烈的国际军事竞争中掌握主动,就必须大力推进科技进步和创新,大幅提高国防

---

① 习近平:《在中国科学院考察工作时的讲话》,2013 年 7 月 17 日。
② 习近平:《在中国科学院第十七次院士大会、中国工程院第十二次院士大会上的讲话》,人民出版社 2014 年版,第 10~11 页。

科技自主创新能力。"① 在高科技发展中，作为一个独立自主的社会主义大国，我们必须在科技方面掌握自己的命运。我国已经具有一定的科技实力和基础，具备相当的自主创新的能力。我们必须在学习、引进国外先进技术的同时，坚持不懈地着力提高国家的自主研究开发能力。更重要的是在国防科技和武器装备发展中，必须强化科技自主创新，在重要的关键技术领域，具备自主研发的能力。

四、自主创新与学习引进国外先进技术有机结合

"两弹一星""高新技术工程"等的成功，不仅是自力更生、自主创新的典范，而且是学习引进国外先进技术的典范，更是将自主创新与学习引进国外先进技术有机结合起来的典范。"两弹一星""高新技术工程"的成功实践充分说明，在尖端技术的发展中，必须注重自力更生、自主创新。但强调自主创新，并不是不要引进、学习和借鉴国外的先进技术。因此，习近平主席指出："在创新过程中，既不能妄自菲薄，对自主创新能力没信心，把自主创新成果看轻了，亦步亦趋，不敢超越；也不能妄自尊大，缺少虚心学习的态度，骄傲自满，夜郎自大。"② 我们要在世界高科技领域占有一席之地，实现科学技术的跨越，就必须不断地学习、消化、吸收国外的先进技术，并把技术引进与自主创新有机地结合起来，不断提高自主科技能力。国防科技和武器装备发展既要坚持自力更生、自主创新，依靠自身的力量搞好国防

---

① 习近平：《深入贯彻落实党在新形势下的强军目标，加快建设具有我军特色的世界一流大学》。
② 习近平：《在参加全国政协十二届一次会议科协、科技界委员联组讨论时的讲话》，2013年3月4日。

第四章 强劲的创新能力

科技和武器装备建设，又不能闭关自守，要根据实际情况有选择地学习引进国外先进的关键军事技术和装备，更重要的是要把二者有机地结合进来，形成整体的合力，从而全面促进国防科技和武器装备的发展。要坚持自力更生为主、争取国际合作为辅的原则，既要继承和发扬我军建设的好经验，也要积极借鉴和利用外军的有益经验。在国防科技和武器装备发展过程中，坚持自力更生、自主创新与对外引进有机结合，就是要始终把国防科技和武器装备发展的基点放在自力更生、自主创新上，既要重视在独立自主、自力更生、自主创新的基础上，积极开展对外军事技术和武器装备引进与合作，也要注重通过有选择地引进国外先进的关键军事技术和装备，来提高和增强自力更生、自主创新的能力。

（一）有选择、有重点地学习引进国外先进军事技术和装备

"两弹一星"元勋陈能宽院士在谈到学习引进国外先进技术时，深有感触地说：实际上我们自力更生也不是关着门的。当年参加这项工作，我们大都分别会英语、俄语、德语，只要有一点点有关信息，都抓住不放，并且大家在一起研究，所以自力更生并不是傻干。事实上，在"两弹一星"的研制过程中，我们从各种可能的途径，广泛学习引进了国外的先进技术，特别是苏联的先进技术。可以说没有赵忠尧、彭桓武、钱学森那样一大批海外赤子，放弃海外优越的科研、生活条件，冲破重重阻力毅然归国，投身祖国的国防尖端科技事业，"两弹一星"事业就会失去许多优秀的奠基者和带头人。没有苏联早期在人力、物力及技术资料的大力援助和支持，我们的起步就会艰难许多，也不可能在一片空白的基础上，短时间取得的巨大成功。在"高新技术工程"的实施过程中，我们也学习借鉴了国外特别是发达国家的各种先进技术，通过引进、消化、吸收再创新，使我国的高新技术武器装备发展取得了长足的进步。"两弹一星""高新技术工程"

的实践告诉我们,在国防科技和武器装备建设中,必须始终坚持自力更生、自主创新的方针,依靠自身的力量通过自主创新来发展国防科技和武器装备,与此同时,也必须注重抓住有利的时机引进国外先进军事技术和武器装备,以提高自力更生和自主创新的起点。强调自力更生、自主创新,并不意味着盲目排斥对外引进与合作。要抓住一切可以抓住的机遇,有选择有重点地利用国外关键技术。正如习近平主席所强调的:"自主创新不是闭门造车,不是单打独斗,不是排斥学习先进,不是把自己封闭于世界之外。"[①]我们要更加积极地开展国际科技交流合作,用好国际国内两种科技资源。有重点地引进一些国外的先进军事技术和装备是很有必要的,但这种引进也是为了提高我们自己的研制水平,我们的基点是自力更生。因此,在独立自主、自力更生的基础上,积极引进、吸收国外先进技术和军事装备,提高军事装备的自主发展能力,不仅是"两弹一星""高新技术工程"等国防科技和武器装备发展的一条成功经验,也是加速我国国防科技和武器装备发展的重要途径。

第一,有选择地学习引进国外先进技术是加快武器装备发展的客观要求。我国国防科技和武器装备发展的实践证明,随着科学技术不断发展,武器装备的科技含量不断提高,结构越来越复杂,研制费用越来越大,开发周期越来越长,特别是对一些大型高新技术装备来说,其高昂的研制和开发费用,不是一般国家能负担得起的,只有加强国际合作,适当引进国外的先进军事技术和装备,才能够及时跟踪世界武器装备发展的步伐,不断吸收国外的先进技术和经验,提高武器装备的开发起点和自主研发能力。因此,在武器装备建设中,我们必须走独立自主、自力更生的发展道路,坚决依靠自身的力量发展具有中国特色的国防科技

[①] 习近平:《在中国科学院第十七次院士大会、中国工程院第十二次院士大会上的讲话》,2014年6月9日。

第四章 强劲的创新能力

和武器装备，但是，我们也不能走到另外一个极端，什么都不要引进。我们需要引进一点关键的东西。既要引进关键的装备，也同时要考虑到引进技术。

有选择地引进国外先进技术和装备，特别是关键性的技术和装备，是在对世界科学技术，特别是军事技术和武器装备发展形势的总体把握，以及在对我国国防科技和武器装备现有水平科学分析的基础上提出来的。当今世界，以信息技术为核心的高新技术的迅猛发展及其广泛应用，不仅为当代社会、经济的发展变革提供了强劲的动力，进一步加快了经济全球化和社会信息化的进程，也对当代军事领导产生了一系列革命性的影响，由于高新技术武器装备的大量涌现和战场运用，引发了一场新的军事变革，促使机械化军队向信息化军队的全面转型，机械化战争向信息化战争的革命性转变。在这种情况下，一个国家科技水平的强弱，不仅直接决定着其社会经济实力的强弱，也极大地影响着国防和军队建设发展变革的快慢。最大限度地发展和利用现代科学技术成果来研制和开发新型武器装备，加快武器装备体系从机械化向信息化转变的步伐，是一个国家能否跟上世界新军事变革的步伐，尽快实现军队建设转型和战争形态转变的关键所在。正因为如此，包括美国在内的世界大多数国家，无不在集中必要的人力、物力开发军事高科技，研制新型高技术武器装备，提高武器装备的信息化水平的同时，积极开展军事技术合作，广泛吸收其他国家的军事技术成果为己所用，以节约高技术武器装备的研制经费，缩短开发周期，提高发展效率。在军事技术和武器装备发展过程中，有选择地引进国外的先进军事技术和装备，是世界各国的一种通行的做法，在科学技术进一步发展的当代，这一做法更成为世界主要国家军事技术和武器装备发展的惯例。就连当今首屈一指的军事强国美国，也不失时机地开展对外军事技术合作，引进先进武器装备。在当今世界，任何一支军队，如果关起门来搞建设，拒绝学习国外先进的东西，是不可能实现现代化的。我军进行现代化建设,必须面向世界,跟上世界军事变革和发展的潮流,积极借鉴各国军队特别是发达国家军队现代化建设的有益经验,有选择地引进先进的技术装备和管理方法。当然,对于外军一些好的经验和做法,也不能简单地拿来,而应结合我军实际加以消化、吸收和创新,坚持走有中国特色的军队现代化建设之路。特别是对我们国家来说,由于发展基础等各方面的原因,在军事技术和武器装备方面与世界先进水平还有较大的差距,如果不注重有选择地引进国外先进的关键军事技术和装备的话,单纯地依靠自身力量难以很快缩小这种差距,难以抓住21世纪初叶有利的战略机遇期,在较短的时间内,实现武器装备的信息化,进而实现国防和军队的现代化的。在一定意义上说,有选择地引进国外先进的关键军事技术和装备,是世界军事技术和武器装备发展的一般特点,是迎接世界新军事变革的挑战,加快我国国防科技和武器装备发展步伐,实现国防和军队跨越式发展的客观要求。

  第二,有选择地学习引进国外先进技术是我军武器装备建设的一种重要模式。实际上,在我国国防科技和武器装备发展中,不论是"两弹一星"等重大工程,还是一些专项武器装备发展项目,都十分强调在坚持自力更生、自主创新的同时,积极学习引进国外的先进技术。在坚持自力更生发展武器装备的同时,毛泽东十分强调学习国外先进的经验和技术,争取国际援助。新中国成立初期,我国还不具备生产现代武器装备的能力,在战略性武器装备的研制生产方面几乎是一片空白。原有的和新建的军工厂只能小规模地生产步枪、手榴弹、弹药和进行简单的维修,技术很落后,不能满足国防建设的需要。为了加快我国武器装备现代化步伐,毛泽东提出了学习苏联经验、争取苏联援助来早日实现我国武器装备现代化的主张。1951年5月,毛泽东在同即将赴苏联谈判购买武器装备的徐向前谈话时指出,要学习苏联,把先进技术拿到手,自力更生,建设一支强大的国防力量。在这一

第四章 强劲的创新能力

思想的指导下,我国积极向苏联学习国防科技工业建设的经验,购买并仿制先进的苏式武器,极大地改善了我军装备。到1955年底,我军利用进口和国产的武器装备,装备了步兵、骑兵、航空兵、地面炮兵、高射炮兵、坦克兵和机械化部队,为实现国防科技工业从无到有的跨越起到了十分积极的作用。邓小平从新的历史条件出发,多次强调,我军武器装备要以自行研制与生产为主,引进和吸收国外技术与装备为辅,提出要冲破意识形态的束缚、大胆学习国外先进技术的观点。邓小平指出,武器装备建设也要解放思想,大胆学习引进国外先进的和成熟的技术,取长补短。"一些重要的军工产品现在还有许多技术问题不能解决。这些是'硬东西',如果没有外国资料和材料,一下子搞不上去,想跨过去不是容易的。"① 他在1985年6月军委扩大会议上的讲话中也指出:可以购买先进的武器……日本就是购买的,欧洲也有好多国家也是购买的,并不是自己造的嘛!将来"我们经济力量强了,就可以拿出比较多的钱来更新装备。"② 不仅如此,邓小平提出了引进先进的武器装备技术的四个重要原则:一是引进要分轻重缓急,重点是要抓紧时间引进尖端技术和装备;二是引进产品要考虑周到,既要配套,又要和我们的制造结合起来;三是要讲求方法,通过多种途径引进先进技术和装备,有些东西买整套不行,可以先买部件,一部分一部分地引进;四是引进的最终目的是为了自我发展,要在引进学习先进技术的基础上有所创造。江泽民根据新时期国防和军队建设的需要,特别是我国国防科技和武器装备发展的实际,明确提出,要在强调自力更生,自主创新的同时,十分重视有选择地引进关键军事技术和装备,以提高发展起点和研制水平。他强调,有重点地引进一些国外的先进军事技术和装备是很必要的,但这种引进也是为了提高我们自

---

① 《邓小平文选》(第1卷),人民出版社1994年版,第334~335页。
② 邓小平在军委扩大会议上的讲话,1985年6月。

己的研制水平,我们的基点是自力更生。这就是说,自力更生不是盲目排外,但也不是盲目引进,关键是要在充分地科学论证的基础上,有选择有重点地引进。一定要防止"长官意志",主观随意。我国在改革开放以来,盲目出国、盲目引进的教训一定要记取,一定要以强有力的措施保证科学选择、科学引进。

第三,有选择地学习引进国外先进技术必须瞄准世界先进水平。开展国际军事技术交流与合作,学习引进国外先进的关键军事技术和武器,不能盲目地进行,也不是什么东西都引进,而是要瞄准世界先进水平,根据自身国防科技和武器装备发展的实现需要,有选择、有步骤、有目的地引进。因此,在引进国外军事技术和武器装备时,必须进行慎重选择。一是要正确选择引进的项目。一般来说,从国外引进的项目应该是那些单纯地依靠自身力量难以突破的关键军事技术,在规定的时间期限内难以研制生产出来的急需武器装备,尤其是我国国防科技和武器装备发展中的一些薄弱环节或短缺项目。从技术水平上来说,这些项目应该具备世界领先水平,至少具备世界先进水平。二是要正确选择引进的对象。军事技术和武器装备引进对象选择的正确与否,直接影响着技术和装备引进的成败。如果合作对象选择正确,合作就能顺利进行,否则就会难以为继。一般情况下,要选择那些与我国政治、经济、军事关系比较稳定,军事技术比较先进,武器装备研制生产水平较高的国家作为军事技术和武器装备的引进对象。如果其军事技术落后,武器装备研制生产水平一般,就失去了引进的前提,而如果相互关系不好或关系不稳定,就可能会因为各种原因而使引进无法正常进行下去,从而影响整个军事技术和武器装备发展目标的实现。三是要正确选择引进的方式和途径。引进的途径和方式问题是在引进国外军事技术和武器装备过程必须认真加以考虑的重大问题。这些问题包括是引进技术还是引进装备。如果是引进装备,是直接引进成套装备,还是进行合作研制;如果是合作研制,是共同开发,还是分别开发;等等。

四是要正确确定引进的费用和时间。在对外军事技术和装备引进过程中，费用和时间也是必须考虑的重要因素。如果费用过高，就会给国家增加不必要的财政困难，影响国防科技和武器装备的整体发展。如果时间过长，不能在要求的时间内提高所需要的技术和装备，就会直接影响引进的效益。一般来说，军事技术和装备引进的费用应该不高于国内自行研制的费用，而引进技术和装备到位的时间应该在整个武器装备发展进展的规定范围之内。在引进国外军事技术特别是成套武器装备时，一方面要着眼国防和军队建设的特殊要求，尤其是军事斗争准备的急切需要，引进一些管用的关键装备；另一方面要根据国内整体装备技术水平，特别是装备保障能力，引进一些适用的关键装备。

（二）以学习引进国外先进技术促进自主创新能力的提高

有选择地引进国外先进的关键技术和装备的根本目的，是增强自己的自力更生和自主创新能力，提高高新技术武器装备的研制起点和开发水平。因此，在国防科技和武器装备建设中，我们要正确认识和处理好自力更生、自主创新与对外引进的辩证关系，我们的武器装备，还是要坚持自力更生、自主创新的方针，也不排除国际合作，引进技术，但是要以自力更生、自主创新为主。正因为如此，在装备建设中，有重点地引进一些国外的先进军事技术和装备是很有必要的，但这种引进也是为了提高我们自己的研制水平，我们的基点是自力更生。也就是说，在国防科技和武器装备建设中，根据国防科技和武器装备发展的整体需要，有选择地引进国外先进的军事技术和装备，特别是一些关键军事技术和装备是十分必要的，但必须把自力更生、自主创新作为对外军事技术和装备引进基点，不能单纯地为引进而引进。不然的话，对外军事技术和装备引进就会自力更生、自主创新相脱离，国防科技和武器装备建设就会失去基础和动力。

从国外购买一些先进的武器是必要的，但不一定要同自己研制紧密结合起来，形成自己独特的军事技术优势，以免受制于人。这就要求我们，在装备建设过程中，必须将自行研制与对外引进有机地结合起来，不能把对外军事技术和装备引进作为装备发展的单一模式，而应该将其作为装备建设中与自力更生、自主创新互相联系、互相补充的重要方面，将对外引进放在自力更生、自主创新的整体过程中来统一规模、统一部署、统一行动。对外引进与自行研制相协调，就是要根据自力更生，自主创新的需要来谋划对外引进，特别注重引进哪些在自主研制过程我们一时还难以突破的关键技术，以及在短期内还无法自主研制出来的军事斗争急需的关键装备，并通过这种有选择地引进国外的先进关键技术和装备，在提高国家的整体国防科技和武器装备水平的同时，增强自主开发和研制新型军事技术和武器装备的能力。与此同时，还必须将对外技术和装备引进作为自力更生、自主创新、自主研制的一个重要环节，对哪些技术要求高、难度大，而我们自身在有限的时间内无法取得突破，而国外又有条件引进的技术和装备，并一定要从头开始自主研制，而是可以对外引进来提高自主研制的起点，加快自主研制的进程。装备建设的实践证明，江泽民所提出的对外引进与自主研制相协调的思想，是十分正确的。它不仅是世界各国国防科技和武器装备发展的一种通行的做法，也是我国装备建设的成功经验之一。改革开放以来，特别是20世纪90年代以来，我们通过把对外引进与自主研制有机地结合起来，利用有选择地引进国外的先进军事技术和装备，不仅有力促进了整个国防科技和武器装备发展水平的提高，而且极大地推动了自力更生、自主创新，特别是自主研制能力的增强。尤其是在一些高新技术武器装备的发展过程中，我们之所以能从无到有、从弱到强、从不完善到完善，在很大程度上都得益于对外引进和自主研制的相互协调。

（三）把学习、引进与消化、吸收再创新有机结合起来

"两弹一星""高新技术工程"等的成功实践证明，有选择地引进国外先进的关键军事技术和装备，对提高我国国防科技和武器装备的研制起点和发展水平，的确是一项明智之举。科学技术是人类共同创造的财富，也是人类认识和改造客观世界能力的一个标志。任何一个民族和国家，都有权学习、利用世界上已有的科研成果发展自己，如果宁愿费时费力从头摸索，不愿走别人已闯出的捷径，显然是愚昧的。我们要善于通过学习引进关键性技术，来提高发展自己的起点，进而赶超世界先进水平。改革开放的形势为我国学习引进先进军事技术提供了现实的可能。尽管某些发达国家还在关键技术上卡我们，但通过多种途径，采取多种形式，引进一些较先进的军事技术和武器装备是可能的。关键是坚持自力更生为主与有选择地学习引进相结合，把学习、引进国外先进技术与消化、吸收再创新有机结合起来。

我军进行现代化建设，必须跟上世界军事变革和发展的潮流，积极借鉴各国军队特别是发达国家现代化建设的有益经验，有选择地引进先进的技术装备和管理方法。对于一些好的经验和做法，也不能简单地拿来，而结合我军实际加以消化、吸收和创新，坚持走具有中国特色的军队现代化之路。在装备建设中，在有选择地引进国外先进关键技术和武器装备的同时，结合我国国防科技和武器装备发展的实际，及时消化、吸收国外先进的军事技术和武器装备，并在此基础上进行大胆创新，形成自己独特的军事技术优势，是江泽民关于装备建设的一条重要思想，也是新形势下对我军军事技术和装备引进的一项基本要求。要充分利用人类军事技术领域的最新成果，并将其转化为自己独特的军事技术优势，就必须将对外引进与消化吸收紧密结合起来。要实现这种紧密结合，一方面要求我们必须根据国防和武器装备发展的实际水平，慎重地选择所要引进的军事技术和武器装备。引进的军

国防科技创新和武器装备发展

事技术一要管用，二要适用。所谓管用就是要着眼国防和军队建设的特殊要求，尤其是军事斗争准备的迫切需要，引进一些管用的关键军事技术和武器装备。所谓适用就是要根据国内整体国防科技能力和装备技术水平，特别是装备保障能力，引进一些能有效地消化、吸收的适用关键军事技术和武器装备。一般情况下，应该选择一些在国际上水平相对较高，而国内水平最高的军事技术和武器装备。如果技术水平过高，一来引进后消化利用困难，二来被引进国也不一定会卖，与现有装备配套也比较困难。如果技术水平过低，没有达到国内最高水平，或经过努力自身也可能研制，就会失去引进的意义。另一方面对引进先进军事技术和武器装备，不能只是单纯地去利用，而是要在充分利用，使其发挥其最大军事效能的同时，注重及时地学习、消化、吸收，将这些先进军事技术和武器装备转化为自己的东西，成为自我创新的起点。

要坚持一切从我们的国情和军情出发。在军事技术和装备的引进过程中，我们也必须坚持这一原则，从国情军情出发，特别是从我国国防和军队建设的实际需要和军事斗争准备的迫切要求出发，注重引进对我国国防科技发展和军事斗争准备具备重要意义，而我一时又无法突破或自行研制生产的关键军事技术和高性能武器装备。当然，在国防科技和武器装备发展中，往往会出现这样一种情况，由于形势的变化或军事斗争的需要，会在某一时期对某一种或某一类武器装备提出十分急迫的需求。而国内又没有相应的工业技术水平和能力，研制这种或这一类武器，或者不可能在要求的时间内研制生产出来，与国外进行技术引进和合作的条件或时间又不允许。在这种情况下，往往会选择从国外直接引进这一种或这一类武器装备，以解决军事斗争的急需。直接引进成套武器装备时间短、见效快，可以在短时间提高武器装备的整体水平和作战能力，但其耗资大、对外依赖强，任何一个大国都不可能也没有必要把引进作为其武器装备发展的唯一途径。

第五章

稳固的发展基础

国防科技创新和武器装备发展是在一定的社会经济技术条件下进行的。分析和研究我国国防科技创新和武器装备发展的道路和历程，就必须首先弄清现我国国防科技创新和武器装备发展的现实经济基础和客观科技条件。经过 60 多年的艰苦努力，特别是改革开放以来的加速发展，不论是我国的社会经济科技还是国防工业建设都取得了令人瞩目的成就，为我国国防科技创新和武器装备发展奠定了比较坚实的基础和条件，为中国特色国防科技创新和武器装备发展道路的选择提供了更大的余地。

一、社会经济基础

国防科技创新和武器装备发展归根结底是一项特殊的社会经济活动。没有相应的社会经济作基础，就不可能进行国防科技创新和武器装备发展。同样，没有社会经济的发展，也就谈不上武器装备的发展。新中国成立以来，特别是改革开放 30 多年来，我国社会经济的飞速发展，经济实力的迅速增强，为我国国防科技创新和武器装备发展提供了强劲的经济支撑。

国防科技创新和武器装备发展

（一）国防科技创新和武器装备发展离不开社会经济的有力支撑

恩格斯指出："暴力的胜利是以武器的生产为基础的，而武器的生产又是以整个生产为基础，故而是以'经济力量'，以'经济情况'以暴力所拥有的物质资料为基础的。"[1] 正因为作为战争工具的武器装备是在一定的社会经济条件上产生和发展的，因此，社会经济是国防科技创新和武器装备发展产生和发展的重要基础。

1. 社会经济为国防科技创新和武器装备发展提供物质条件。

国防科技创新和武器装备发展既来源于社会经济活动，也严重地依赖于社会经济，社会经济是国防科技创新和武器装备发展不可或缺的客观条件。不论是在武器装备的研制，还是武器装备的生产，都离不开社会经济所提供的经费支持、物质保障和技术支撑。

首先，社会经济为国防科技创新和武器装备发展提供必要的经费支持。国防科技创新和武器装备发展，需要社会经济所提供的经费支持。如果没有必要的经费，任何国防科技创新和武器装备发展也难以进行。这一点在现代国防科技创新和武器装备发展中显得尤为突出。

20世纪七八十年代以来，由于武器装备技术含量越来越高，结构越来越复杂，体系越来越庞大，造价也越来越高，国防科技创新和武器装备发展对经费的依赖性也就越来越强。如1983年美国制定的SDI计划（战略防御倡议），第一阶段的总费用预算即为1 200亿美元，仅前5年已耗资130多亿美元。因财力紧张，1988年美国国防部国防采办委员会对该计划进行了全面审查，对原方案进行了重新调整，将第一阶段的费用降到690亿美元。

---

[1]《马克思恩格斯全集》（第20卷），人民出版社1956年版，第181页。

第五章　稳固的发展基础

1988年9月，美、日、加和欧洲航天局的9个成员国联合研制的"自由"号国际载人空间站系统总投资达232亿美元。1988年11月，苏联首次发射了"暴风雪"号航天飞机，研制费用达100亿美元。法、意、西班牙联合研制的"太阳神"侦察卫星，总研制费达70亿法郎。近年来，即使是国防科技创新和武器装备发展的研制费用也相当可观。如日本的TK-X坦克，研制经费达300亿日元。西德的155毫米自行榴弹炮，仅研制费即达1.8亿马克。美空军20世纪80年代末开始研制的ATF战斗机，研制费需135亿美元。据统计，美国20世纪70~80年代武器装备型号的研制费用，比20世纪五六十年代武器装备型号的研制费用增长了几倍到十几倍，其中战略导弹增长了4~6倍，地空导弹增长了8~9倍，战斗机增长了5~7倍，战斗直升机增长了16~20倍。目前，高技术武器装备的研制开发费用更是成倍地提高。美国研制的第四代作战飞机F-22和F-35，其研制费用达到数百亿美元。

其次，社会经济为国防科技创新和武器装备发展提供必要的物质保障。在国防科技创新和武器装备发展过程中，每个阶段都需要采用各种原材料和各种先进的制造设备与工艺，以制造出样品、样机或模型，直到生产最终产品。同时也需要使用各种精密的仪器装置对研制和生产对象的原理、过程、结果性能和零部件等反复进行实验、测试。因此，不论在武器装备发展研究部门，还是在武器装备实际生产部门，都拥有大量先进而又昂贵的实验研究仪器设备和生产设施，以作为开展国防科技创新和武器装备研究与开发的物质基础。显然，这些实验研究设备和设施要靠冶金、化学、机械制造、电子等部门来提供。社会经济尤其是工业生产为国防科技创新和武器装备发展提供必不可少的原材料、仪器、设备和各种基本技术，并为科研成果物化为国防科技成果和武器装备提供技术保证。

最后，社会经济为国防科技创新和武器装备发展提供必要的工业基础。为了保证国防科技创新和武器装备发展,国家各经济部门不仅要为此提供大量的材料、资源和设备,还必须建立门类众多的专业化国防工业,作为相应种类的国防科技创新和武器装备发展的基础。像兵器工业、航空工业、船舶工业、原子能工业、航天工业、电子工业等,分别就是枪炮和坦克、飞机、军舰、核武器、导弹和航天器、雷达和电子战装备研制和生产相对应专门化的工业部门。如果没有整个经济所提供的各种支撑条件和物质基础,就是掌握了某种武器装备的原理和技术,也难以生产出相应的武器装备。例如,核武器的原理早已是世人皆知的了,可有的国家即使获得了原子弹的设计方案仍然研制不出原子弹来,根本原因就在于其经济能力尤其是工业技术平尚达不到制造原子弹的要求。在这种意义上讲,国家的社会经济水平决定了国防科技创新和武器装备发展水平,国防科技创新和武器装备发展不可能超越经济活动所能提供的能力。

现代国防科技创新和武器装备发展更需要现代工业的支撑,因此有人说现代的军舰不仅是现代大工业的产物,而且同时还是现代大工业的缩影。事实的确如此。在现代科学技术发展的今天,不只是军舰,而且包括飞机、坦克、核武器、导弹等在内的各种武器装备,特别是高技术武器装备,都可以看作是现代工业尤其是国防工业的产物和缩影。现代武器装备结构极其复杂,制造技术要求高,难度大,其研制、生产和维护使用都需要使用民用工业提供的加工制造技术。如现代国防科技创新和武器装备发展的基本制造技术和制造设备,仍然以民用机械制造常用的技术和设备,如铸、锻、铆、焊、车、钳、刨、铣、磨、镗、钻和热处理等基本技术和设备为基础。主要的武器装备或者直接用这些技术和设备制造,或者用以这些技术和设备为基础研制出来的各种新的专用设备和新技术(如高精度专用精密机床、爆炸成型技术等)来制造。如果没有这些基本的制造技术和设备的发展,任何现代国防科技创新和武器装备发展都不可能实现。以作战飞机的生产为例，其重量虽然不过数吨，但所需原材料达 16 000 多种，航空工业以外的配套成品近 150 项，承担协作任务的单位约 2 500 个，分布在不同地域的几十个部门。有些零部件需要量很少，但技术要求很高，一个项目搞不出来，飞机就造不出来，就形不成战斗力。至于比飞机更为复杂的远程导弹、大型舰艇等，要各个部门配套的项目更多。据估算，核潜艇约有四万多件配套设备，几乎涉及各个经济部门。被称为"科学交响乐"的"曼哈顿工程"计划，耗资 20 亿美元，集聚了 15 万科技人员，涉及的部门更是无法计算。

2. 经济实力决定国防科技创新和武器装备发展的整体水平。

国防科技创新和武器装备发展所依赖的这种经济基础，是一个社会的物质生产力水平和发挥生产力作用所造成的物质总和。它包括社会的劳动资料总和及其状况，经过加工的劳动对象的总和及其状况，劳动者的数量及其文化技术状况以及消费资料总和及其状况。这其中首先是生产工具的状况，它代表生产力发展水平，也直接决定着国防科技创新和武器装备发展水平。

一般来说，国防科技创新和武器装备发展的整体水平，即其总体规模的大小，发展速度的快慢，开发能力的高低，在很大程度上是由国家对国防科技创新和武器装备投入的财力、物力和人力的多寡和质量的高低所决定的，如果国家投入财力、物力和人力越多，质量越好，其国防科技创新和武器装备发展的整体水平就越高。而国家投入的多寡和质量的好坏则是由国家的整体经济实力所决定的。因此，经济实力是决定国防科技创新和武器装备发展水平的重要因素。国家经济实力的强弱，即其经济规模的大小，技术水平的高低，发展速度的快慢，扩张能力的强弱等，直接决定着国防科技创新和武器装备发展规模、水平、速度和强度。

从国防科技创新和武器装备发展的实际过程来看，没有较大的经济规模和经济能力的国家，是不可能实施大规模国防科技创新和武器装备发展的。例如，1939年底，德国从事空军装备研究和发展的各类人员有200万人，仅在乌泽多姆岛上建立的佩内明德火箭研制试验中心就花费了3亿马克。20世纪60~70年代，美国为完成"阿波罗计划"，在120多所大学、2万多个厂家、42万科技人员的参加下，耗资250亿美元，并以3名宇航员的生命为代价，才在1969年7月20日实现了人类首次登上月球的愿望。1961年4月~1988年初，美国载人航天飞行55次，耗资超过2000亿美元。目前，美国仅每年的军费投入就高达6000多亿美元，其中武器装备开发研制费用就超过1000亿美元。显然，没有较大的经济规模作支撑，这些大规模的国防科技创新和武器装备发展活动是不可能实施的。

现代高技术武器装备的原理和结构复杂，技术要求高，研制难度大、周期长，要消耗大量的人力、物力和财力，需要一些重要的原材料，使用昂贵的设备仪器，这些都离不开强大经济实力的支撑。

3. 知识经济的出现为国防科技创新和武器装备发展提供了新的物质基础。

20世纪70年代以来，以信息技术为核心的高技术的迅猛发展和广泛应用，不仅为人类社会的发展注入了新的活力，极大地推动了社会生产力的增长和生产关系的变化，也对工业社会的那种以物质、能源为基础的社会经济模式产生了强大的冲击。人类社会的经济形态正处在从工业经济向知识经济转变的变革之中，信息不仅成为人类生产和生活必不可少的手段和工具，而且成为现代社会重要的战略资源；信息产业已经发展成为一个重要的主导性产业，成为现代社会发展的支柱；现代生产已经开始从以消耗资源为主的资源密集型向以知识和智能为主的技术密集型转变，知识和智能已成为社会发展的决定因素。

作为一种特殊的物质产品，国防科技创新和武器装备发展的全过程，始终是与社会经济形态，特别是社会生产方式有着必然的、不可分割的关系。人类社会经济形态的每一次变革性发展，特别是生产工具和生产方式的每一次革命性变化，必然对国防科技创新和武器装备发展产生革命性的影响。像以往的社会经济变革一样，目前正在开始的人类社会经济形态从工业经济向知识经济的革命性转变，社会产业结构和生产方式的变革，必然要反映到国防科技创新和武器装备发展领域中来，对国防科技创新和武器装备发展产生不容忽略的影响。知识经济的形成，为国防科技创新和武器装备发展提供更加强大的物质基础和经济保证。

（二）我国经济实力的迅速提高为国防科技创新和武器装备发展提供了强劲的经济支撑

新中国成立以来，我国的经济在十分薄弱的基础上迅速发展，经济实力不断提高。特别是改革开放 30 多年来，我国社会经济的飞速发展，经济实力的迅速增强，为我国国防科技创新和武器装备发展提供了更加强劲的经济支撑。

1. 社会经济的持续发展为我国国防科技创新和武器装备发展顺利进行提供了必要的经济条件。

改革开放以来，我国的建设重点转移到以经济建设为中心的轨道上来，国民经济在恢复的基础上得到了迅速发展，为我国国防科技创新和武器装备的发展创造了良好的经济环境，在不断增强的社会经济实力的支撑下，我国国防科技创新和武器装备发展进入了一个新的发展时期，掀起了第二个高潮。尤其是经过多年的理论探索和改革实践，初步建立起了社会主义市场经济体制，实行对外开放政策，促进了开放型经济的发展，使我国经济逐步与国际经济接轨。经济体制的改革和"两种资源""两个市场"的利用，大大促进了我国经济的发展，也为我国国防科技创新和武器装备发展提供了坚实的经济基础，也为开展国际上的交流与合作创造了良好条件，使国防科技创新和武器装备发展的整体水平跨上了一个新台阶。60 多年的实践证明，我国国防科技创新和武器装备发展的兴衰、起伏，既体现着社会经济环境的变化尺度，也承载着经济制度优劣的价值负荷。

2. 经济实力的迅速增强为我军国防科技创新和武器装备发展提供了强劲的经济支撑。

20世纪90年代以来，特别是进入21世纪之后，我国社会经济进入了高速持续发展的新阶段。2006年，我国的国民生产总值达到了20.94万亿元，外汇储备超过了1万亿美元，超越日本成为世界上最大的外汇储备国。2007年，我国GDP超过3万亿美元，仅次于美国和日本，居世界第三位，外汇储备超过1.4万亿美元，财政收入已超过了4万亿元，是世界最大的第三大经济体。虽然受到世界性金融危机的影响，2008年我国GDP仍然保持9%以上的增长率，总量约3.5万亿美元，对世界经济增长的贡献率达到22%。2010年，在经历了世界金融危机的洗礼之后，我国经济增长率仍然达到9.1%，GDP达到创纪录的4.98万亿美元，超过日本，成为世界第二大经济体。2015年我国GDP达到676 708亿元，比2014年增长6.9%，2016年达到744 127亿元，继续保持较快增长。在经济发展的基础上，为维护国家主权和安全统一，适应新军事变革和军事转型的需要，我国保持了国防费的逐步增长。2004年、2005年，我国年度国防费用分别为2 200.01亿元和2 474.96亿元，分别比上年增长15.31%和12.50%。目前，除个别年份之外，我国的国防费基本保持在两位数以上的增长率，2011年突破7 000亿元。2016年我国国防部费预算9 780亿元，2017年在上年的基础上增长7%，首次突破10 000亿元。不断增长的国防投入，为国防科技创新和武器装备发展提供越来越强劲的社会经济支撑。

3. 国家经济进一步发展将为我军国防科技创新和武器装备发展提供更加有力的经济保障。

据国内外许多机构和专家对2050年的中国经济所进行的深入的预测研究，普遍认为，今后一段时期，尽管会遇到像2008

年世界金融危机那样的冲击，但中国经济仍然可以保持持续稳定的增长。在 2010 年我国的 GDP 总量已经超过日本，成为世界第二大经济体，到 2025 年 GDP 总量可能超过美国，成为世界第一大经济体。到 2050 年，中国国家综合实力进入世界前三名的行列，总体可持续发展能力位居世界前 10～15 名，人均 GDP 水平进入世界前 30 名的行列。在整体国民经济中，科学发展的贡献率达到 70%～75%。恩格尔系数平均在 0.15～0.20，基尼系数保持在 0.25～0.40，人文发展指数平均达到 0.90 以上，二元结构系数平均约在 1.5，平均城市化率达到 75%～80%，郊区化率提高至 50%[1][2][3]。也有专家预测，到 2050 年，中国 GDP 总量可能达到 150 万亿元，人均约为 10 万元，经济总规模仅次于美国，居世界各国第二位。普华永道 2006 年 3 月发表的英国经济展望报告预计，2050 年中国经济 GDP 总量将能够达到美国的 95%。据此最低预测推算，即使国防费今后每年都按占 GDP 的比例为较低的 2.0% 计算，到 2050 年，我国年国防费规模的预测值仍能达到 3 万亿元，装备研制与采购至少也达到每年 1 万亿元。

2050 年前，我国经济的快速增长，使中国进入世界经济强国行列，将为我国国防科技创新和武器装备发展提供更加强有力的经济保障和支撑。一是武器装备研制经费更加充足，有能力保障武器装备的自主创新，实现跨越发展。二是武器装备采购经费更加充足，有能力保障武器装备的对外引进，实现研购结合，构建与我大国地位相称的新型武器装备体系。三是武器装备保障经费更加充足，有能力对武器装备实施全系统、全寿命的精确保

---

[1] 中国科学院可持续发展战略研究组：《中国现代化进程战略构想》，科学出版社 2002 年版。
[2] 路甬祥主编：《中国可持续发展总纲（国家卷）》，科学出版社 2007 年版。
[3] 中国现代化战略研究课题组、中国科学院中国现代化研究中心：《中国现代化报告（2006）》，北京大学出版社 2006 年版。

障，最大限度地发挥武器装备优良的技术战术性能和应有的作战效能。

二、科学技术基础

武器装备是科学技术物化的直接结果。没有相应的科学技术成果作前提，就不可能物化成相应的武器装备。同样，没有科学技术的发展，也就不会有武器装备的进步。新中国成立以来，我国科学技术的飞速发展，特别是改革开放30多年来的自主创新能力的迅速增强，为我国国防科技创新和武器装备发展提供了更加坚实的技术前提和更加强劲的技术推动力。

（一）国防科技创新和武器装备发展必须以科学技术发展为前提

科学技术不仅是国防科技创新和武器装备发展的基本前提，也是科学技术物化的直接结果。

武器装备作为人类的一种特殊社会活动的手段和工具，像其他人类活动的工具一样，武器装备也是一种人工创造物。也就是说，它是人类利用特有的方式所创造出来的、自然界原来所没有的物质产品。人类的这种创造活动完全是建立在对自然、社会的认识和把握的基础上的，即建立在一定的科学技术基础上的。因此，国防科技创新和武器装备发展也和其他社会活动一样，也是以相应科学技术活动为前提和基础的。正是在一定科学技术基础上，国防科技创新和武器装备发展才得以进行。离开了科学技术，武器装备就不可能出现，没有了科学技术的发展，也就不可能有国防科技创新和武器装备的发展与变革。科学技术不仅是国防科技创新和武器装备发展最初产生的必要条件，也是国防科技创新和武器装备发展的基本前提，更是推动国防科技创新和武器装备发展变革的重要力量。

1.科学技术是国防科技创新和武器装备发展产生的前提条件。

国防科技创新和武器装备发展的历史表明，从冷兵器到热兵器，从热兵器到现代的高技术兵器的演变中，每一种武器装备的出现，几乎都是科学技术直接应用的结果。古代科学技术的发展，直接导致了铜、铁等冷兵器的产生，近代科学技术的发展，促进了以枪、炮为代表的火器的出现。

各种现代国防科技创新和武器装备的发展，从原理、结构的研究、设计到生产，更是建立在现代自然科学、技术科学发展的基础上的，它们都离不开现代科学技术提供的理论基础和技术成果。例如，核武器的开发是以核物理学的发展为前提的，弹道导弹的研制是以空气动力学、材料科学、推进技术和自动控制技术等的发展为基础的，精确制导武器的问世是以微电子学、计算机技术和传感器技术的成就为条件的，隐形飞机的诞生是以材料科学的新进展和新设计制造技术为依据的。实际上，从常规武器到战略武器，从传统武器到高技术武器，其研制和改进无一能离开自然科学和技术科学的最新成就。从原子弹、氢弹、中子弹、洲际导弹、核潜艇、军用卫星到空间站、航天飞机和空天飞机等，无一不是由国家进行投资，并组织来自大量不同学科专业领域的数以万计甚至数以十万计的科技人员，进行多学科和跨学科的综合性研究与开发的结果。

现代国防科技创新和武器装备发展不但广泛应用了数学、物理学、化学、生物学这样一些基础科学的理论研究成果，而且也将天体科学、地球物理科学、生物学等基础科学成果用于国防科技创新和武器装备发展。如模仿鸟类的翅膀设计军用飞机的活动机翼，模仿某些动物的听觉与视觉器官设计军用传感器，利用对人类高级神经活动的研究成果研制瓦解人的意志、引起人们恐惧和幻觉的神经毒剂，利用生物基因工程的研究成果研制基因武器等。更引人注目的是，利用地球物理科学（如气象学、地震学等）和化学理论研究成果，可研制能诱发狂风暴雨、山洪、海啸、地震等自然灾害、威力巨大的环境武器，利用化学的新成就研制非杀伤性的黏合剂，使飞机被黏结在机场跑道上，火炮、坦克和装甲车辆的零部件黏合在一起无法使用或行驶等。科学技术在当代国防科技创新和武器装备发展领域的应用是如此广泛，以至于现在无法绝对肯定有某种自然科学与军事发展无关，对它没有用处。一切领域的自然科学不是已经用于军事发展，就是对军事发展有潜在的应用价值。

由此不难看出，在人类战争史上，每一次国防科技创新的实现，每一种武器装备发展的出现，都是科学技术发展应用的直接结果。可以说，没有科学技术，就没有国防科技创新和武器装备发展。

2. 科学技术是国防科技创新和武器装备发展性能完善和提高的重要基础。

任何国防科技创新和武器装备发展都有一个从不成熟到成熟、从不完善到完善的发展过程，在国防科技创新和武器装备发展这种不断完善的过程中，科学技术也起着决定性的作用。

以枪、炮为代表的近代武器装备产生之初，由于其技术水平的局限，战斗效能相当低。是近代数学、力学等自然科学的发展，冶炼技术、机械加工技术等工业技术的进步，为枪炮等火器的改进奠定了必要的理论基础，提供了基本的客观条件。如伽利略对抛射体射程问题的研究成果，为弹道技术的改进提供了依据；牛顿等科学家对弹头飞行、空气阻力以及弹落点偏差等问题进行的专门研究，为近代枪、炮技术的发展打下理论基础，明确了发展方向。而炼钢技术的发展则为枪炮提供了优质、廉价的各种钢及合金等材料，机械加工技术又使枪炮的各种复杂结构得以实现。正是依靠近代科学技术，枪炮的性能才得到极大的改善，以枪炮为代表的近代武器装备才实现了由低级到高级、由前装到后装、由手动到自动化这三个飞跃，使其整体性能得到成百上千倍地提高。

随着科学技术的进一步发展，国防科技创新和武器装备发展水平的不断提高，科学技术对国防科技创新和武器装备发展完善的决定性作用显得更加突出。

当坦克在第一次世界大战中出现时，其战斗效能甚至比火炮还差。又是现代科学技术使这一科技的产儿逐步走向完善，成为攻守兼备的"战争骄子"。依靠材料科学的发展和冶炼、化学处理等技术的进步，才获得既有高强度，又有良好韧性的各种新型材料，使坦克防护能力迅速提高；依靠新型动力技术和精密机械加工技术，坦克才有了性能优良的大功率动力系统，使其机动性极大地增强；依靠电子学和无线电技术，坦克乘务人员才能借助灵敏的通信设备听到方圆数十千米外的声音；依靠光学及红外等观测技术，坦克才能不论白天黑夜，都能通过先进的观测仪器观测各种目标，进行全天候的战斗……在现代科学技术的促使下，坦克的整体性能和战斗效能得到空前的提高。

科学技术对国防科技创新和武器装备发展完善的影响，主要通过两种方式实现：一是提高国防科技创新和武器装备发展的质量。科学技术在武器系统中的应用，可以大幅度地提高国防科技创新和武器装备发展的整体性能和工艺水平，有效地改善现有武器装备发展的命中率、反应速度和机动能力，从而极大地提高国防科技创新和武器装备发展的质量，增强其战斗效能。任何一种武器装备，只有在其整体性能提高到一定程度或其质量达到一定程度之后，才能有效地发挥其应有的战斗效能。二是增加国防科技创新和武器装备发展的数量。一种新武器装备出现后，只有当其积累到一定数量时，才能充分显示其作战能力，数量的多寡，也是国防科技创新和武器装备发展是否完善的重要标志。因此，科学技术对国防科技创新和武器装备发展的影响和作用，是整体的和全方位的，它不仅是国防科技创新和武器装备发展的条件，更是国防科技创新和武器装备发展完善的基础。

3. 科学技术是国防科技创新和武器装备发展发展变革的推动力。

科学技术不仅是国防科技创新和武器装备发展和完善的条件和基础，而且是推动国防科技创新和武器装备发展变革的重要力量。科学技术的每一个划时代的进步，都会导致国防科技创新和武器装备发展的飞跃性变化。科技史上的每一次科技革命，都会引起国防科技创新和武器装备发展体系的巨大变革。

以火的控制和使用为标志的古代金属冶炼技术的出现，拉开了人类科技史上的第一次科技革命的序幕，也导武器装备发展史上武器装备体系的第一次重大变革。以冷兵器为主体的许多新型武器装备的出现，使古代武器装备发展发生了新的变化，完成了从石兵器武器装备体系向冷兵器武器装备体系的转变。以炼丹术为主的古代化学的发展和火药制造技术的完善，使人类科技水平达到了一个新的阶段，也使武器装备的发展进入了一个新的时期。以火枪、火炮为代表的火器的出现，使武器装备的发展从冷兵器时代步入了一个新的时代——热兵器时代。17世纪以后，近代自然科学的产生和发展，以及第一次工业技术革命的兴起，则又把武器装备的发展推向一个新的水平。进入19世纪以后，比黑色炸药更有效的黄色炸药的发明，炼钢技术的突破，机械制造与加工技术的完善，开创了近代武器装备发展的又一个黄金时代，大量新型的武器装备如机枪、大型火炮、飞机、坦克、新型装甲战舰不断涌现，不仅使武器装备体系的整体性能得到空前的提高，而且形成了一个新的机械化武器装备体系。现代科技的发展，特别是相对论和量子理论的创立，不仅揭示了物质世界更深层次的奥秘，也为核武器装备的出现奠定了基础。1945年，第一颗原子弹的爆炸，标志着又一个武器装备发展时代——热核兵器时代的来临。同样，以高技术的出现和迅猛发展为标志的新的科技革命，在导致人类社会的各个方面发生深刻变化的同时，也正在引起国防科技创新和武器装备发展革命性的变化,导致一场新的国防科技创新和武器装备发展变革。

4. 高技术为当代国防科技创新和武器装备发展变革提供了强劲动力。

第二次世界大战结束以后,自然科学领域一系列划时代的突破,带来了技术上的迅猛发展,接连出现了电子计算机技术、空间技术、微电子技术、激光技术、光导通信、生物工程等一系列新技术,以及与之相应的新兴产业,形成了以信息技术、生物技术、航天技术、新材料技术、新能源技术和海洋开发技术为主体的高技术群,掀起了现代科技领域的一场新的科技革命。这场科技革命的迅速展开和深入发展,在对当代社会经济领域产生深刻影响的同时,也对军事领域特别是国防科技创新和武器装备发展发展产生了革命性的影响。高技术的迅猛发展和广泛应用,为国防科技创新和武器装备发展的又一次跨时代的发展变革奠定了新的基础,提供了强劲的动力。

高技术的广泛应用,武器装备信息化的实现,不仅使现代武器装备借助信息和信息技术突破原有的发展极限,获得超凡的火力、机动力,具有空前的战斗效能,与此同时,也使武器装备对信息和信息技术的依赖程度越来越高;信息不仅成为武器装备火力、机动力、防护力发挥的关键和核心,成为重要的力量倍增器,信息力本身也越来越成为一种重要的战争资源和战斗潜能,成为武器装备战斗效能一种关键要素。这样,到 20 世纪 70 年代末期,以突破传统武器装备发展中所面临的物理极限、增加其火力和机动力为初衷的武器装备信息化,彻底地改变了国防科技创新和武器装备发展的进程和整体面貌,导致了一大批信息化的高技术武器装备的出现,引起了国防科技创新和武器装备发展领域的一场新的革命,促使国防科技创新和武器装备发展从原来的机械化向新的信息化转变。

进入 21 世纪之后,在高技术发展的强劲推动下,当代国防科技创新和武器装备发展呈现出前所未有的新特点，这就是充分利用以信息技术为核心的军事高技术成果，在实现军事技术整体跃升的基础上，重点实现武器装备的信息化、智能化和一体化。其中，信息化是利用信息技术特别是计算机技术、集成电路技术、新型软件技术及其他高技术手段，使预警探测、情报侦察、火力打击、作战指挥和控制、通信联络、战场管理等领域的信息采集、传输、处理和显示实现网络化、自动化和实时化；智能化是利用计算机技术和人工智能技术，使武器装备系统具有人脑的部分功能，不仅能利用自身的探测和信息处理装置自主地对目标进行分析、识别和筛选，而且能自主地分析目标的威胁程度，并选择最佳时机实施攻击；一体化是通过 C^4ISR 系统，将战场上各军兵种的各种武器系统、作战平台和保障系统联成一体化的武器装备体系。

（二）我国科学技术的加速发展为国防科技创新和武器装备发展提供了强劲基础和动力

新中国成立 60 多年来，我国始终把发展科学技术放在十分重要的位置，集中大量的人力、物力和财力进行科技攻关，使新中国的科学技术有了飞速的发展，整体科研水平不断提高。特别是改革开放 30 多年来，我国科技事业更是突飞猛进，科技人才竞相辈出，科技成就硕果累累，为国防科技创新和武器装备发展提供了坚实的基础和强劲的动力。

1. 我国科学技术的迅猛发展为国防科技创新和武器装备发展提供了强劲的动力。

我国国防科技创新和武器装备发展正是在科学技术飞速发展的推动下不断实现新的飞跃的。新中国成立之后，党和国家始终把加快科技进步，特别是国防科技进步，作为国防科技创新和武器装备发展的基础和动力，不断采取有效的措施，加快科学技术发展的步伐，有力地促进了国防科技创新和武器装备发展水平的

第五章 稳固的发展基础

整体提高。改革开放以来，我国科技事业取得迅猛进展，优秀人才竞相辈出，科技成就硕果累累。特别是从1986年开始，为迎接全球新技术革命和高技术竞争的挑战，党中央、国务院决定实施国家高技术研究发展计划，即"863计划"，选择生物技术、航天技术、信息技术、激光技术、自动化技术、能源技术和新材料技术7个高技术领域作为我国高技术研究发展的重点。30多年来，我国在高技术研究领域硕果累累，数不胜数："神舟一号"至"神舟十一号"载人飞船相继升空，标志着我国载人航天技术日趋成熟；"天宫一号""天宫二号"空间试验成功对接并运转正常，标志着中国自己的空间站呼之欲出；"嫦娥一号"至"嫦娥三号"探月卫星获得圆满成功，"嫦娥五号"整装待发，探月工程进展顺利；火星探测卫星即将启程，预示着中国已经迈入航天大国行列；作为唯一的发展中国家参与国际人类基因组计划并高质量完成任务，国家基因研究中心相继建立，我国基因技术研究步入世界前列；高性能计算机关键技术的突破，使我国在竞争激烈的世界计算机领域占有了一席之地；水下无人深潜技术获得重大突破，研制成功6 000米以下水下机器人，我国成为少数几个拥有这种技术的国家；我国还在高温气冷核反应堆研究等方面取得突破；等等。我国在通信设备、高性能计算机、生物工程药物、人工晶体等国际高技术竞争的热点领域，拥有了一大批自主知识产权的产品，这些产品正逐步扩大国内市场份额，甚至进军世界市场，具备了与发达国家竞争的实力。"曙光""银河""天河""太湖"等系列大规模并行处理计算机，性能指标不仅大大超过了美国对我国限制出口的水平，并已形成商品，其中中国首台千万亿次超级计算机"天河一号"二期系统，运算速度名列全球超级计算机500强榜首，夺得全球性能桂冠。而"天河二号"和具有完成自主知识产权的"神威太湖之光"超级计算机，连续占据全球超级计算机500强榜首。在第三代移动通信系统研究开发方面，我国首次提出的标准被国际电信联盟正式

181

接纳为第三代移动通信国际标准,并直接参与第四代移动通信标准的制定。我国还重点围绕振兴装备制造业和促进传统产业结构调整进行了科技攻关。数控五轴五面加工中心等高端数控机床研制取得突破,一举打破了国外对我国长期实行的技术封锁,为西电东送、南水北调、载人航天等重点工程提供了急需装备。通过对镁合金关键技术研究及产业化的重大攻关,初步形成从高品质镁材料生产到镁合金产品制造的完整产业链,为我国实现由镁资源大国向镁生产强国的跨越奠定了基础。我国在科学技术领域取得的上述巨大成就,在迅速提高我国科学技术整体水平和经济实力的同时,也为我国国防科技创新和武器装备的飞速性发展提供了强劲的动力。正是在这种强劲的技术动力的驱动下,近年来,我国国防科技创新和武器装备发展才取得了长足的进步,实现了自"二弹一星"以来的第二次飞跃。

2. 我国科技革命的日趋深化将为国防科技创新和武器装备发展奠定更好的技术基础。

现代科技发展日新月异,不断突破人类传统认识极限,引发新的科技革命;科技成果产业化周期缩短,造就新的追赶和超越机会;科学理论超前发展,引领新的技术和生产方向;科技全球化日趋加快,自主创新能力成为国家竞争力的决定性因素。在这种科技大发展、技术大进步的时代背景下,我国科学技术也将迎来历史性的跨越,经过未来近30年的努力,我国的科技实力将不断增强,并在2050年前实现从一个科技大国向一个科技强国转变。根据国家有关的分析预测,2050年前,我国科技进步将在三个层面上展开,即在宏观层面上向更广阔的空间和海洋技术发展,在空间技术和海洋技术方面取得突破性进展;在微观层面上向更复杂的粒子和微电子以及生物基因技术发展,在新材料与生物技术领域占据世界领先地位;在中观层面上各类常规技术和高新技术将相互渗透并向相互交叉、边缘化和多元化方向发展,在高新技术产业化方面取得更加辉煌的成就。在此基础上,新材料技术和新能源技术等科技成果的应用将会更加普及。我国信息化率达80%左右，基本实现信息化①。新生物学革命和高技术的发展，导致生物、信息与纳米技术走向融合，形成具有改造和操纵生命功能的生命工程技术，生物寿命可以调控，生物经济成为主导产业，社会观念发生革命性变化。随着以信息技术为核心的科技革命的日趋深入，特别是以生物技术和纳米技术为潮头的新一轮科技革命浪潮的迅速兴起，我国的科学技术的整体水平将有飞跃性的提高，从而为国防科技创新和武器装备发展奠定更好的技术基础。

3. 我国科学技术的飞速发展将为国防科技创新和武器装备发展提供更加强劲的技术推动。

今后一段时期，我国科学技术的飞速发展，特别是原始创新能力的不断增强，将为国防科技创新和武器装备发展提供更加强劲的技术推动。这将主要体现以下两个方面：一是大量涌现的具有原创性先进的科技成果，为武器装备的自主创新提供了不竭动力。对任何一个国家和地区来说，其国防科技创新和武器装备发展水平的高低和能力的强弱，关键取决于其自主创新能力的大小，特别是科学技术自主创新能力的大小。而武器装备的自主创新，需要一系列关键技术的突破。只有掌握先进的科学技术，具备了较强的自主创新能力，才能掌握国防科技和武器装备发展的自主权，才有可能选择自主创新的国防科技创新和武器装备发展道路。而如果科学技术水平全面落后于发达国家，自身的自主创新能力又不强，就不可能选择自主式国防科技创新和武器装备发展道路，只能跟在发达国家后面发展，亦步亦趋地发展，甚至只能全面引进国外的武器装备。二是先进的科技水平和较强的自主创新能力，为武器装备的国际合作创造了有利条件。开展国防科

---

① 中国现代化战略研究课题组、中国科学院中国现代化研究中心：《中国现代化报告（2006）》，北京大学出版社2006年版。

技和武器装备的国际合作，不仅合作双方要有密切的政治关系，而且自身还要有独特的科技资本。这些独特的科技资本就是科技能力和水平。如果一个国家自身没有较强的科技水平，没有一定的自主创新能力，就不能在科技合作中为对方提供互利，与对方就不可能开展对等的技术合作。只有当你能够为合作方解决技术难题，提供技术帮助，带来合作利益时，才会出现技术合作的意向和可能。目前，美国等西方发达国家之所以在关键技术领域对我国进行技术封锁，拒绝开展技术合作，除了政治、经济等原因之外，最主要的原因之一，就是目前我国在一定关键技术领域的技术水平还不高，自主创新能力还不强，甚至还在某种程度上受制于人。而随着我国整体科技水平的不断提高，自主创新能力的日益增强，必然会使发达国家降低技术合作的门槛，从而为国防科技和武器装备国际合作创造更加有利的条件。

三、国防工业基础

新中国成立 60 多年来以来，在国家经济、科技飞速发展的有力支撑和推动下，我国国防科技工业取得了巨大的成就，既为国防和军队现代化建设作出了重要贡献，为新时期国家经济建设提供了重要支撑，也我国国防科技创新和武器装备发展奠定了必要的工业基础。

（一）国防工业体系日趋完善

有土无疆，有国无防，频遭外侮，这是近代中国曾经的一段屈辱历史。"落后就要挨打"——这是历史的铁律。没有先进的武器装备和强大的国防，就无法捍卫国家安全、维护民族尊严。中国国防科技工业一直把为国防和军队研制生产先进的武器装备作为首要任务，并在艰苦奋斗中创立了一个又一个人间奇迹，国

第五章 稳固的发展基础

防工业体系日趋完善。

1. 人民军工创造奇迹铸辉煌。

80多年前金秋十月，也就是1931年的10月，一支队伍来到赣南山区的小村子，敲、打、砸、锤，在此起彼伏的叮当作响声中建起我党我军第一个兵工厂——中央军委兵工厂。从此，这个叫作官田的村庄见证了一段非同寻常的革命历程，其名字也被永久镌刻在人民军工史册的扉页，成为人民军工摇篮和发祥地的代名词。

从这里，人民军工事业开始了腾飞的倒计时；在这里，人民军工蹒跚起步。80多年风雨历程，从"人民兵工"起步，到作为国家战略性产业的"国防科技工业"，人民军工事业的规模不断发展壮大，内涵不断加深延伸。

如今，国防科技工业已建构起覆盖核、航天、航空、船舶、兵器、军工电子和配套等行业的现代化完整工业体系，成为国防现代化的重要物质技术基础，成为武器装备研制生产的骨干力量，成为国家科技创新体系和先进制造业的重要组成部分，更成为经济社会发展和科技进步的重要推动力量。

我们曾记得，在反"围剿"斗争、抗日战争和解放战争中，人民军工生产了大量战争急需的武器装备，部分解决了我军武器匮乏、装备处于劣势的问题，有力地支援了战争。

新中国成立后，国防科技工业下决心攻克国防尖端武器——"两弹一星"。核动力潜艇等一批武器装备相继研制成功，我军拥有了多种多样、克敌制胜的护身法宝。

拥有先进的武器装备和国防实力，既是中国获得和平发展环境的必要保障，也是实现大国复兴的重要基础。进入21世纪，新一代巡航导弹、新型战略导弹、歼-10飞机、歼-11系列飞机、歼-20飞机、新一代导弹驱逐舰、航空母舰、新一代主战坦克、空警—2000预警机等一批新研制生产的武器装备开始列装部队。有了这些武器装备，我国国防和军队的面貌焕然一新。

80多年来，国防科技工业没有辜负党和人民的重托，军工战线研制生产了一批批、一代代武器装备，在抗日战争、解放战争和历次边境防御作战中发挥了重要作用，同时满足了我军由单一陆军，发展成为包括陆军、海军、空军、第二炮兵和其他技术兵种在内的合成军队的需要。

2. 军工核心能力建设实现跨越。

回望国防科技工业80多年的历史，一代代军工人筚路蓝缕，砥砺奋进，其意义不仅在于完成了尖端武器装备研制生产的历史使命，更在于实现了军工核心能力建设的大幅跃升和继承发展，一个专业门类齐全，科研、试验、生产手段相互配套的现代化国防科技工业体系建立起来，为国防科技工业的持续前行奠定了坚实基础。

战争年代，人民军工淬火而生，逐步形成生产规模和生产体系。从红色官田走来，一个个只能打造刀矛和生产土枪土炮的小兵工厂和修理机械厂，在抗日战争和解放战争后逐步发展为专业化生产、品种相对齐全的战时兵工生产体系，逐步向现代国防工业过渡。

新中国成立后，我国国防科技工业是在极其薄弱的基础上起步的。1949年全国解放时，国民党政府遗留下来的军工企业总共只有72个，且以兵工厂、修配厂为主，职工25万余人。这些工厂，大部分规模较小，厂房设备陈旧，加之遭到国民党政府溃退时的破坏，更加残破不堪，根本无法承担任何新型武器装备的研制生产任务。我军已有的94个军工厂，职工9万余人，主要是轻型武器装备的修理及部分弹药的制造厂。所有这些军工厂的生产能力十分低下，只能进行旧式杂式武器装备的修配和小批量生产，造不出后装炮，根本不具备国防建设所需要的飞机、舰艇、坦克、大口径火炮、军用电子设备等现代武器装备的生产条件和能力。

新中国成立后，我国对已有的兵工厂进行统筹规划，合理调整，技术改造，将原来的 166 个军工厂整改合并为 76 个军工厂，10 余万名职工。在如此薄弱的基础上，新中国的国防科技工业开始起步了。经过全国人民特别是军工战线全体人员的共同奋斗，逐步建立起了完善的国防科技工业体系，国防科技整体实力不断提高。

经过努力，建立了相对完善的国防工业体系，具备了陆、海、空三军武器装备的试验和研制生产能力，建立了一批国防科研机构、国防科技工业高等院校和武器装备试验基地，初步建设成一个比较完整的国防科技工业体系。其后，国防科技工业根据国防和军队建设需要，不断调整改革科研生产和能力建设的思路，进行了大规模的"三线军工基地建设"，在内陆腹地新扩建了许多大型军工企业，实现了原子弹、战略导弹、新型战机战舰、坦克装甲和电子装备等武器的自主研制生产能力。

20 世纪末以来，国防科技工业科研生产体系进一步优化，形成"小核心、大协作"的格局。我国成为世界上少数几个具有独立自主国防科技工业体系、能够研发生产从常规武器到尖端武器的国家之一。强大的国防、一流的国防所需要的强大的军工基础基本打造完成。

"十一五"以来，国防科技工业坚持任务能力结合型建设思路，以保障重大工程任务为重点，以增强持续发展能力为目标，以先进的信息技术和装备为基础，有效加强先进军工核心能力建设，武器装备的研究、设计、生产、试验能力和水平显著增强。

3. 经济规模和效益大幅提升。

军工人在不断锻造奇迹。20 世纪末期，随着改革开放的进行，特别是国家建设中心的转移，一直平稳发展的军工经济遇到前所未有的困难，国防科技工业成为全国亏损最严重的行业之一。

传统的军工企业制度越来越不适应市场经济，只有痛下决心调整改革，才能去掉附着在国防科技工业身上的顽疾。此时的国防科技工业别无选择，毅然打响了"两大攻坚战"——其中之一就是著名的"国防科技工业调整改革脱困"。

于是,进入20世纪90年代,在完成军品生产任务的同时,国防科技工业不断适应国民经济和社会发展的新要求,注重提升综合实力和转变经济发展方式,积极探索军工经济可持续发展的新途径。

——军工企业体制机制逐步开始转变,初步建立起现代企业制度,绝大多数破产军工企业进行了重组,改制为股份合作制等多种形式的企业。

——军工企业通过债转股及辅业改制实现了投资主体多元化,大多数重点保军企业改组为国有独资公司,极大地增强了军工企业的活力,封闭的军工体系向开放转变……

通过这些改革,军工企业不断融入国际产业大循环的能力和素质普遍得到增强,经济规模和经济效益大幅提升,军工行业涌现了长安、嘉陵等一批全国知名企业,军工经济全面、协调、可持续发展的能力和后劲不断增强。

军工奇迹数据来之不易:2001年,军工全行业实现了扭亏为盈,提前实现了国务院确定的脱困目标。2010年,军工经济总收入突破1.3万亿元大关,创历史新高。军工全行业的工业总产值、工业增加值、利润总额和人均收入快速增长。2011年,中航工业、中船重工、兵器工业、兵器装备、中国电子5家军工集团进入世界500强。

不断壮大的军工企业和军工经济,为国防科技工业的持续发展和武器装备研制水平的不断提升提供了强大的经济保障。

(二)国防科技工业整体实力迅速增强

新中国成立60多年来,经过国防科技工业行列全体人员的共同努力,我国的国防科技工业的整体体系更加完善,学术水平迅速提高,人才队伍日趋壮大,研发能力不断扩展,生产能力显著增强。

1. 国防科技工业体系日趋完善。

新中国成立60年多来，我们坚持自力更生，艰苦创业，战胜了重重困难，攻克了一个个技术难关，逐步建起了兵器、航空、造船、军用电子等军工行业以及包括导弹核武器和航天技术的国防尖端科技工业，先后建立了900多个工厂，形成了专业门类基本齐全配套的国防科技工业生产体系。改革开放以后，特别是20世纪90年代以来，根据客观经济环境的巨大变化，特别是新时期国防科技创新和武器装备发展的客观需要，在党中央、国务院的统一部署下，对国防科技工业进行了适应社会主义市场经济的结构调整和改革，打乱原有的体制结构，按专业门类，组建了11大军工集团（包括军工电子集团），除军工电子集团外，每一个集团又按专业门类，分为两个集团。国防科技工业具有449个大型骨干企业，从业人员200多万人，国防科技工业体系日趋完善。近年来，根据形势的变化，特别是为了充分发挥"竞争机制、评价机制、监督机制、激励机制"的作用，进一步增强国防科技工业的整体实力，对国防科技工业的体系结构又进行了进一步的调整。

2. 国防科学研究水平迅速提高。

国防科研是整个国防工业，特别是国防科技创新和武器装备发展的基础和前提。新中国成立之后，为了为国防科技创新和武器装备发展提供充足的国防科研基础，从第一个"五年计划"开始，就根据国防科技和武器装备发展的需要，加强了国防科研机构的建设，而国防科研机构的建立，不仅确保了国防科研工作的顺利开展，而且极大地促进了国防科技和武器装备的迅速发展。从20世纪50年代中期至"文化大革命"前，先后成立了导弹、核武器、航空、舰艇、无线电研究院，并成立了一些军兵种研究机构，如雷达、航空医学、航海医学、炮兵、防化、测绘、装甲等技术研究机构，共38个研究单位，初步建立起比较配套的国防科研体系。改革开放后，经过优化组合，国防科研系统进行了一些调整，以适应新时期国防科技和国防科技创新和武器装备发展的需要。目前，我国已有国防科研机构270多个，覆盖了国防科研的各个领域和各个方面，具备了从专用原材料、元器件，直至大型复杂的武器装备系统完整配套的自主研制能力，有些领域已经进入世界前列。

3. 国防科技人才队伍日趋壮大。

科技人才是国防科技竞争的第一要素。新中国成立以来，我国始终把国防科技人才的培养和队伍的构建作为发展国防科技和武器装备的重要工作来抓，根据国防科技人才培养的需要，陆续创办了一些国防军工高等院校。从1952年起，又对这些国防工业高等院校进行组合，建立航空、电信、机械、船舶等专业院校，此外，清华、北大、复旦等一些著名院校也担负了核物理、电子、光学等专业人才的培训任务。这些院校为国防科技创新和武器装备发展培养了大批国防科技专业人才，许多人成为国防科技战线的骨干和各领域的专家。到"文化大革命"前，我国的国防科研人员超过8万人，其中高级工程师2万多人，建立一支素质好、业务精、能力强、敢打硬仗国防科技人才队伍。此后，根据形势的发展和人才培养的要求，又对国防科技院校进行了重大调整改革，减少数量，增大办学规模，合并和成立了几所综合性大学，走上复合型的国防科技人才培养道路。目前，我国从事国防科研的人员近100万人，形成一支水平较高，能打硬仗的国防科研队伍。

4. 国防科研试验能力不断扩展。

科研试验是进行国防科研的重要基础，也是武器装备研制生产的关键环节。为了国防科技创新和武器装备发展奠定必要的科研实验基础，从新中国成立，我国就开始了国防科研试验基础建设。经过60多年的努力，我们先后创建了常规兵器试验基地、导弹综合试验基地、海军武器装备试验基地、空军飞行试验基地、卫星发射试验基地、卫星测控试验基地、战略导弹试验基地等试验基地，为我国武器装备的研制、试验、定型作出了巨大贡献。目前，已形成了门类齐全、功能齐备的试验环境，能对国产和引进的各种武器装备进行鉴定、试验、定型等。有些试验基地已走向国际市场，对外开放，综合试验能力达到了国际先进水平。原子弹、氢弹的爆炸与潜射导弹、机动战略导弹的发射成功，百亿次银河计算机的问世，"长征"系列运载火箭的五十多次发射，载人航天飞船试验成功等，所有这些，都标志着我国国防科研试验水平已经有了飞跃性的提高，中国在世界国防科研试验领域已经占有重要的一席之地。

5. 国防科研生产能力显著增强。

目前，我国国防工业有科研机构270多个，企业830多个，科研生产从业人员188万人，固定资产约有1 700多亿元，形成一支水平较高，能打硬仗的科研生产队伍，具备了从大部分专用原材料、元器件，直至大型复杂的武器装备系统完整配套的自主科研生产能力。特别是高新技术工程实施以来，我军高新技术武器研究成就斐然，新型战略核导弹和核弹道导弹核潜艇等关键技术取得重大突破。强光武器、地空反辐射导弹、"稀布阵"米波对空警戒雷达、超视距雷达等新概念武器技术研究取得了实质性进展。改进型东风－15、21系列地地常规导弹、东－31、41固体洲际弹道导弹、歼－11和歼－10飞机、歼－20和歼－31第四代飞机、039A常规潜艇、052D、055导弹驱逐舰、国产航空母舰、远程多管火箭炮、登陆破障系统和军用卫星系统的研制生产，区域综合电子信息系统成功构建，有力地推进了国防科技创新和武器装备发展进程，同时，也标志着我国的国防科研生产能力得到显著增强，已经进入世界先进水平的行列。

第六章

科学的管理体制

国防科技和武器装备管理体制是国家关于国防科技和武器装备领导和管理的组织系统与工作制度。其基本功能是保证充分利用先进的科学技术，不断发展国防科学技术，改进和更新武器装备，提高国防科技创新和武器装备发展的效益。国防科技和武器装备管理体制在国防科技创新和武器装备发展中具有重要的地位，对加速国防科技创新和武器装备发展，最大限度地发挥武器装备的作战效能具有举足轻重的作用。建设一个科学合理的国防科技和武器装备管理体制，对加强国防科技创新和武器装备发展，提高武器装备建设的整体质量和水平，进而提高军队的战斗力具有重要的意义。新中国成立以来，我国国防科技工业和武器装备建设取得了举世瞩目的历史成就，逐步探索形成了适应国防科技工业和武器装备建设规律、具有中国特色的管理体制和运行机制，为国防科技创新和武器装备发展提供了重要的体制机制保证。

一、加强对国防科技工业的集中统一领导

建立和完善国防科技工业的领导体制，加强对国防科技事业的集中统一领导，是在基础十分薄弱、条件十分有限的情况下，

进行国防科技建设的基本要求，也是我国国防科技工业发展取得辉煌成就的重要保证，更是新中国成立以来我国国防科技工业飞速发展的成功经验。

（一）建立国防工业领导管理机构

抗美援朝战争结束后，为有效应对美帝国主义的核威胁、核讹诈，党中央作出了发展原子弹、导弹等国防尖端技术的重大决策。1955年7月，中央指定政治局陈云、聂荣臻、薄一波组成三人小组，明确要求凡有关原子能事业，由三人小组统一指导，向中央负责，具体工作由国务院第三办公室管理。其中，薄一波任办公室主任、刘杰任副主任，下设专门办事机构，直接指导国家建委建筑技术局、地质部第三局、近代物理所开展有关发展原子弹、导弹等国防尖端技术的工作，并组织协调各方面的工作关系。"三人小组"是中央第一个直接领导原子弹研制的专门机构，它的建立与运行开创了党中央对"两弹一星"实施集中统一领导的先河，也是对国防科技工业集中统一领导的先河。1956年11月，第三机械工业部成立后，"三人小组"的使命便终止。[①]

1956年4月，为加强对导弹研制和航空工业的统一领导，国务院成立国防部航空工业委员会，负责组织领导导弹的研制和航空工业的发展工作，随后又组建了专门负责导弹研制与管理的国防部第五研究院（简称五院），以及负责领导特种部队组建和特种武器研究、设计、生产、配发和维修保障工作的国防部第五部。

1958年10月，为进一步加强国防科学技术研究工作的组织领导、规划协调和监督检查，实现研究、试制与使用的有机结合，以国防部航空工业委员会为基础，成立了以聂荣臻为主任的

---

① ［美］约翰·W. 刘易斯，薛理泰：《中国原子弹的制造》，原子能出版社1990年版。

国防部国防科学技术委员会（简称国防科委），隶属中央军委领导，与各国防工业部门构成业务指导关系，随后又将国防部第五部和总参装备计划部负责常规武器的科研处并入国防科委。

1959年12月，为统筹国防工业建设与发展，成立了以贺龙为主任的中央军委国防工业委员会（简称国防工委），主要负责国防工业生产建设的组织协调与督促检查。

（二）强化对国防工业特别是国防尖端技术的集中统一领导

进入20世纪60年代以后，由于中苏关系破裂，苏联撤走所有专家，断绝一切对中国的支援，我国的国防科技事业被迫进入了自主发展的阶段。为了克服困难，集中力量，独立自主地发展国防科技事业，形成独立完整的国防科技工业体系，我国相继建立了一系列国防科技工业的领导管理机构，以强化国防科技工业的集中统一领导，特别是国防尖端技术发展的集中统一领导。

1960年10月，为促进国防科技工作的全面发展，工业部门中航空、船舶和无线电相关研究机构与军队有关科研单位进行整合，成立了国防部第六研究院（研制军用飞机）、第七研究院（研制舰艇）和第十研究院（研制军事电子装备），列入军队序列，业务工作由国防科委统一领导。

1961年12月，成立了以罗瑞卿为主任的国务院国防工业办公室（简称国防工办），列入军队编制，对中央书记处和中央军委负责，归口管理二机部、三机部和国防科委、国防工委工作。

为发展国防尖端技术，加强对原子能工业、核武器和导弹研制工作的领导，加强对国防尖端技术发展的集中统一领导，协调解决相关问题，1962年9月，成立了以周总理为主任的中央十五人专门委员会（简称中央专委），重点领导原子弹研制工作。委员会办公室设在国防工办，作为日常办事机构，由罗瑞卿兼任主任。

"中央专委"实现了以"最高层"领导"最尖端"。这是一

第六章 科学的管理体制

个极高规格的委员会，其组成为：主任委员：周恩来（政治局常委，国务院总理）；委员：贺龙（政治局委员，军委副主席）、李富春（政治局委员，中央书记处书记）、李先念（政治局委员，财政部长）、聂荣臻（军委副主席，国防科委主任）、薄一波（政治局候补委员，国家经济委员会副主任）、陆定一（政治局候补委员，副总理）、罗瑞卿（军委秘书长、总参谋长、国防工办主任）、张爱萍（国防科技委副主任）、赵尔陆（二机部部长，国防工办副主任）、王鹤寿（冶金工业部部长）、刘杰（二机部部长）、孙志远（三机部部长）、段君毅（一机部部长）、高扬（化工部部长）。这是一个典型的以"最高层"领导"最尖端"的决策机构。在这15人的机构中，有1名政治局常委，5名政治局委员或候补委员，有7人是副总理，其余都是国防科技工业的一线领导者和指挥者。在中共中央作出的《关于成立十五人专门委员会的决定》上，明确指出了它的职责与权力：即"委员会是一个行政权力机构，主要任务是，组织有关方面大力协调，密切配合，督促检查原子能工业发展规划的制定和执行情况，根据需要，在人力、物力、财力等方面及时进行调动。委员会的决定由各方面坚决保证贯彻执行。"这意味着中央授予专委以强有力的领导权威，统一领导发展我国原子能事业。从此，我国国防尖端武器的发展，就置于中央专委的强有力的领导之下，它可以调动全国一切力量，为"两弹一星"的研制大开绿灯。

由此可见，中央专门委员会是一个包括中央政治局、国务院、中央军委领导人的高度权威机构，集指挥权、财政权、人事权于一体，周恩来总理是这个权威机构的总指挥。这个机构的作用突出体现在两个方面：一是决策决定作用。凡是"两弹一星"以及其他国防尖端工程的发号施令和重大问题的拍板定案，都由它来定夺，并依靠各个行政系统，下达任务，提出要求，限期完成。中央专委工作运行后，还要求相关的省市都要指定高级官员，实行专人负责，保证整个指挥链条的连续不间断，在高级领导层保持权力的集中统一。二是牵头协调作用。正因为有了专门委员会这个"总口",实际上在全国形成了一个从中央到地方、上下贯通的垂直式管理链条,即通过国家计划进行综合平衡,调动、协调全国之力,加以重点保障。中央专委成立后,还责成相关的部委、省委必须指定一名副部长、副书记,直接过问与二机部的协作情况和问题,给予全力支持。中央专委形成的这种自上而下的"抓总"机制,对于像我们这个科技水平低、工业基础薄弱的国家发展国防科技事业,特别是研制像"两弹一星"这样技术密集、设备精良、耗资巨大的尖端工程,其意义和影响都是决定性的。

1963年9月,为加强集中统一领导,与国防工办职能重叠的国防工委被撤销,第四、五、六、七机部相继由国防工办归口管理。

1963年12月,为了统一管理原子弹、导弹的定型工作,成立了国务院特种武器定型委员会,办公室设在国防科委。早在1963年初,西北核武器试验场和研制基地建成并投入使用。

1965年2月,为促进国防科研和生产有机结合,第六研究院(研制军用飞机)、第七研究院(研制舰艇)和第十研究院(研制军事电子装备)又分别并入第三、第六、第四机械工业部。这期间,总参谋部、总后勤部和各军兵种也组建和扩建了一批研究院(所),担负本部门、本军兵种常规武器的论证、研制等任务。

1965年5月,导弹、核武器、常规武器试验基地和海军试验基地划归国防科委统一领导和管理,其后,卫星研制工作、中央专委办公室也相继划归国防科委。

1970年5月以后,国防科委只保留战略武器和战术核导弹的管理职能,常规武器管理职能及所属科研生产单位划归军队其他部门。1975年6月,国务院、中央军委成立常规装备发展领导小组,相关科研、试制、生产等方面的工作,由国防工办负责。

1966~1971年，由于"文化大革命"的冲击和影响，我国集中统一的国防工业领导管理体制受到严重破坏，领导管理由集中走向分散。

1969年12月，国防工办被撤销，成立了军委国防工业领导小组，下设航空、电子、兵器、造船4个行业领导小组，分别领导第三、四、五、六4个国防工业部及所属研究院和相应的试验基地、高等院校等。

1971年4月以后，国防工业实行中央与地方双重领导，部分中央直属军工企业下放地方管理

1973年9月~1974年5月，军委国防工业领导小组及航空、兵器、电子、造船4个领导小组相继撤销。国防工业实行以国务院为主的国务院、中央军委双重领导体制，国务院国防工办重新成立，第三、四、五、六机械工业部由国务院国防工办归口管理，各研究院划归对口国防工业部门领导，各省、市、自治区政府设立国防工业办公室，统管本地区国防工业。

（三）调整改革国防科技工业领导体制

"文化大革命"结束以后，为了适应改革开放的新环境，着力解决国防科技工业管理机构重叠、职能交叉、多头管理等问题，我国对国防科技工业领导体制进行了大幅度的调整改革，在加强对国防科技工业的领集中统一领导的同时，进一步规范装备科研论证、产品定型和军贸的领导管理工作。

1977年11月，邓小平同志决策成立以张爱萍为主任的中央军委科学技术装备委员会（简称军委科装委），统一领导国防科学技术研究和国防工业生产。

1979年5月和7月，重组了国务院、中央军委常规军工产品和战略核武器两个定型委员会，各军兵种和总部分管有关装备部门的二级定型委员会及其职能也相继进行了调整和规范，军工产

品定型工作逐渐走上了正规化发展轨道。

1980年2月，为适应国家改革开放的形势，国防工办、国防科委及第二至第八机械工业部（局）相继组建了一批以军品对外贸易业务为主的专业公司或联合公司，促进了军品对外贸易及其管理工作的规范化。

1980年8月，为科学把握武器装备建设的发展方向，总参谋部和各军兵种装备系统研究论证机构相继组建。

1982年5月，以国防科委为基础，由国防科委、国防工办、军委科装委办公室合并组建了中国人民解放军国防科学技术工业委员会，同时称中华人民共和国国防科学技术工业委员会（简称国防科工委）。国防科工委隶属中央军委建制，受国务院、中央军委双重领导，是中央军委统一管理全军国防科学技术工作的领导机关，也是国务院统一管理所属各国防科技工业管理部门（核工业部、航空工业部、兵器工业部、航天工业部）的领导机关。同时，还成立了国防科工委科学技术委员会，作为国防科学技术咨询机构。

1983年3月，电子工业部、中国船舶工业总公司有关武器装备科研、生产的业务由国防科工委归口管理，其他业务工作仍由国家经委管理。

1984年4月，对武器装备研制中以设计师系统为核心的技术指挥系统和由各级行政领导组成、以计划调度为中心的行政指挥系统的工作分工及相互关系进行了规范。

1987年1月，军队使用部门与国防科技工业部门在武器装备研制中的关系变成订货关系，实行指令性计划的合同制，并颁布了相关管理办法，我军装备科研工作走上了有计划的商品经济轨道。

1989年9月，为推进军品对外贸易，扩大军品出口，中央决定成立国务院、中央军委军品出口工作领导小组，集中统一领导和管理军品外贸工作。

1989年10月，为提高统筹国防科技工业发展和解决军民结合等重大问题的决策能力，成立了国务院、中央军委专门委员会，取代原来的中央专门委员会，仍称中央专委，办公室设在国防科工委。

1993年，军工管理体制调整后，国防科工委的职能也随之发生变化，总体上只管军、不管民，只管军品任务和武器装备研制、生产业务，不管军工单位建设和管理。

（四）建立新的国防科技工业领导体制

20世纪90年代后期以来，国际国内形势和我国战略环境发生了深刻变化。和平与发展成为时代主题，信息成为经济社会发展的核心资源，信息化条件下的联合作战成为现代战争的主要形式。同时，霸权主义和强权政治依然存在，各国在经济实力、国防实力、民族凝聚力等综合国力上的竞争空前激烈，恐怖主义成为国际安全的新威胁。

为适应时代发展的要求，党的十五大以后，我国经济体制改革继续深化，政府机构改革步伐不断加快。与此相适应，以建设信息化军队、打赢信息化战争为目标，以推进军民融合、提高自主创新能力为重点，按照社会主义市场经济要求，国防科技工业领导管理体制进行了一系列调整改革

1998年3月，根据国务院机构改革方案，以国家计委国防司为基础，将原国防科工委管理国防工业的职能、国家计委国防司的职能，以及各军工总公司承担的政府职能合并，组建新的国防科工委，由国务院直接领导，主要负责组织管理国防科技工业计划、政策、标准及法规的制定与执行情况监督；同时，成立国防科工委科学技术委员会（简称国防科工委科技委）。此外，还以邮电部和电子工业部为基础组建信息产业部，负责军工电子的行业管理。

党的十七大作出了调整改革国防科技工业管理体制的战略决

策，2008年3月，撤销了国防科工委和信息产业部，成立工业和信息化部，负责对整个国家工业的整体规划和统筹协调。在工业和信息化部建制下设立国家国防科技工业局，主要负责组织协调武器装备科研生产重大事项、保障军工核心能力建设等。原信息产业部管理军工电子的职能划归国防科工局，原国防科工委的核电管理职能划入国家发改委新成立的国家能源局。

2016年1月，根据军队改革调整方案，中央军委科学技术委员会成员，成为军改后中央军委15个下属职能部门之一，中央军委下属三委之一，主要职能是加强国防科技战略管理，推动国防科技自主创新，协调推进科技领域军民融合发展。

2017年1月22日，中共中央政治局会议，决定设立中央军民融合发展委员会，由习近平任主任。中央军民融合发展委员会，是中央层面军民融合发展重大问题的决策和议事机构，统一领导军民融合深度发展，向中央政治局、政治局常委会负责。标志着我国国防科技工业军民融合发展进入了全新的发展阶段。

二、建立和完善国防科技工业管理体制

新中国成立60年来，我国十分注重根据社会经济环境，特别是国防科技创新和武器装备发展的实际情况，不断建立、调整和完善国防科技工业管理体制，努力形成一个符合国防工业和武器装备建设规律、具有中国特色的国防科技工业管理体系。

（一）初步构建国防工业管理体制

新中国的国防工业是在一穷二白的基础上建立起来的。新中国成立之初，我国国防科技工业体系相当薄弱，国防科技工业和武器装备建设的基础，是旧中国留下来的兵器工业，主要由两部分组成。一是接管的国民党政府的兵工厂。这些工厂技术落后，

大多处于停产半停产状态。二是在战争年代我军创建起来的根据地兵工厂，地处偏僻，规模较小，条件简陋。实际上，国民党被赶出大陆后，几乎带走了军工企业的全部重要设备，留下的都是些破败不堪的"烂摊子"。1954年，聂荣臻分管军工和武器装备工作后，曾到号称国民党军工基地的重庆、昆明等地调查，试图摸清家底，结果看到的是一片破窑洞，所谓的光学仪器厂只能搞些低倍望远镜，连瞄准镜都生产不了。

1949年10月19日，为了加强国防工业建设的管理，中华人民共和国政务院成立了主管全国民用和军用工业的重工业部及各大行政区兵工管理机构，并先后在重工业部成立航空工业筹备组、兵器工业办公室（简称兵工办）、电信工业局和船舶工业局等机构，负责全国国防工业的组建和军工生产、军工管理，以及军工布局的调整工作。

抗美援朝战争爆发后，为加强国防科技工业建设，1952年8月7日，又将重工业部一分为二，成立了主管民用工业的第一机械工业部（简称一机部）和主管国防科技工业的第二机械工业部（简称二机部）。二机部下设兵器、航空、坦克、电信、造船等工业局，归口管理相关的国防工业，同时撤销各大行政区兵工管理机构，实现了中央政府对全国国防工业的统一管理。各国防工业局在部署与调整国防工业建设与生产过程中，相继组建了一批航空、无线电等专业研究机构。二机部的成立，标志着新中国的国防工业第一次有了归口管理的专门机构。在这一时期，国防工业尽管取得了一定进步，但总体上仍属于起步阶段，主要是仿制和生产苏联的一些常规武器装备。

"两弹"工程启动实施后，我国的国防科技工业管理体系迅速完善。1955年，党中央、毛主席作出发展原子弹、导弹的决策，相应的领导管理机构迅速成立。1955年7月，由陈云、聂荣臻和薄一波组成的三人领导小组成立，负责领导原子能事业的发展，具体工作由国务院第三办公室负责。1956年11月，经第一届人大批准，设立第三机械工业部，负责主管核工业建设和核武器研制工作。随后建立了负责原子弹研究设计工作的核武器研究所。

1958年2月2日，根据毛泽东主席关于"军民结合、平战结合"的重要指示，第一、二机部和电机制造工业部合并，组成统管全国机械工业的第一机械工业部，既负责国防工业又负责民用工业，并将兵器、电子、造船、航空等四个国防工业局一并划归该部管理。军品主要是由兵器、船舶、航空、电子这四个国防工业局管理。与此同时，管理核工业的三机部则更名为第二机械工业部。仍然主管核工业，部长为宋任穷。

到20世纪50年代末，在苏联的援助下，我国国防工业体系的初步建立，我国国防科技工业管理体制也初步建立起来，有力地领导和管理了新中国国防科技工业建设。

（二）调整构建与计划经济相适应的国防工业管理体制

20世纪六七十年代，面对苏联停援、西方封锁的严峻形势，党中央本着"自己动手、从头干起"，走独立自主、自力更生发展道路的精神，对我国国防科技工业管理体制进行了一系列调整改革，建成了与计划经济相适应的相对完备的管理体制。

1960年9月，为建立相对独立的我国国防科技工业，加快我国武器装备的自主发展步伐，一机部又分为一机部和三机部两个部，实行军品、民品分管。其中一机部中负责管理国防工业的机构分离出来，成立第三机械工业部，主管军品。

1963年2月，国家成立四机部，主管电子工业。1963年9月，三机部一分为三，分别成立三机部、五机部、六机部。其中，三机部主管航空，五机部主管兵器，六机部主管船舶。1964年11月，国家成立七机部，主管导弹与火箭工业，王秉璋兼任部长和党委书记，刘有光、钱学森等6人为副部长。七机部成立后，我国国防科技工业基本形成了包括核、航天、航空、兵器、造船、电子等主要行业，专业门类比较齐全、设备日趋完善的国防科研、生产、试验、教育基本配套的体系。

在随后四年多，无线电工业、兵器工业、造船工业也相继从第三机械工业部分离出来，成为第四、第五、第六机械工业部，并以五院为基础组建第七机械工业部，统一管理航天工业。经过调整，三机部只负责管理航空工业。

1975年1月，战术导弹的科研生产职能从第七机械工业部中分离出来，成立了导弹工业总局，即第八机械工业总局，1979年改为第八机械工业部。

至20世纪中后期，适应社会主义计划经济的国防科技工业管理体制已经基本形成。

（三）调整建立与市场经济相适应的国防工业管理体制

20世纪70年代后期，国际关系出现缓和，我国先后与美国、日本、加拿大、意大利等国建立了外交关系，长期紧张对峙的中苏关系也开始缓和。1978年11月，党的十一届三中全会作出了把党和国家的工作重点转移到社会主义现代化建设上来的战略决策，开辟了我国改革开放的新时期。1985年，军队建设指导思想实行战略性转变，从早打、大打、打核战争的临战状态向和平时期建设轨道转变。与之相适应，我国国防科技工业和武器装备建设也由单纯为国防建设服务向既为国防建设服务又为国民经济建设服务转变，由高度集中的计划经济管理模式向计划经济与市场调节相结合的管理模式转变。为促进国防科技工业军民结合，打破民用经济与国防经济互不联系的局面，邓小平同志多次提出要改革国防科技工业管理体制，尽早结束"另外一个天地"的局面，为此进行了一系列调整和改革。

1980年12月，第四、六机部划归国家机械委领导。1981年9月，第七、八机部合并，成立新的七机部。

1982年5月，四机部与广播电视总局、国家电子计算机工业总局合并，成立电子工业部；六机部与交通部工业局合并，成立中国船舶工业总公司，退出政府序列，变为由国务院直接领导的经济实体；第二、三、五、七机械工业部分别更名为核工业部、航空工业部、兵器工业部、航天工业部。

1986年7月，国防科工委归口管理的核工业部、航空工业部、兵器工业部、航天工业部改由国务院直接领导；国防科研、生产、航天技术和军品贸易仍由国防科工委管理。这是国防科技工业的一次重大战略性转变。同年12月，为统筹规划全国机械行业建设，撤销机械工业部、兵器工业部，成立新的国家机械工业委员会（简称国家机械委）。

1988年4月，撤销航空工业部和航天工业部、核工业部、机械工业部和电子工业部，成立航空航天工业部、核工业总公司、机械电子工业部。

到20世纪80年代末，适应社会主义市场经济的新型国防工业管理体制基础建立起来。

（四）建立"军民结合，寓军于民"国防科技工业管理体制

进入20世纪90年代以后，"两极格局"的解体，世界经济金融危机的频发，军事革命的兴起，使世界政治、经济、格局发生了一系列深刻的变化。而随着社会主义市场经济的日益成熟，特别是中国特色军事变革的加速推进，迫切需要对国防科技工业管理体制进行进一步的调整改革，建立"军民结合，寓军于民"国防科技工业管理体制，以保证"高新技术工程"的实施，加速国防科技和武器装备的发展步伐。

1990~1993年，为促进国防科技工业进一步向社会主义市场经济转轨，20世纪80年代成立航空航天工业部、核工业总公司、机械电子工业部等军工部门相继进行改组，除由机械电子工业部分离出的电子工业部外，其余五个均由政府行政部门变为军民结合的国务院直属经济实体，即中国船舶工业总公司、中国核

工业总公司、中国兵器工业总公司、中国航空工业总公司、中国航天工业总公司,各军工行业主管部门由行政管理向集团化经营转变。

1998年3月,根据国务院机构改革方案,以国家计委国防司为基础,将原因防科工委管理国防工业的职能、国家计委国防司的职能,以及各军工总公司承担的政府职能合并,组建新的国防科工委,由国务院直接领导,主要负责组织管理国防科技工业计划、政策、标准及法规的制定与执行情况监督;同时,成立国防科工委科学技术委员会(简称国防科工委科技委)。此外,还以邮电部和电子工业部为基础组建信息产业部,负责军工电子的行业管理。

1999年7月,为更好地适应社会主义市场经济体制要求和武器装备建设需要,按照政企分开、军民结合、适度竞争以及科研力量相对集中的原则,核、航空、航天、兵器、船舶5个军工总公司一分为二,改组为10个集团公司。即中国船舶工业集团、中国船舶重工集团、中国核工业集团、中国核工业建设集团、中国兵器工业集团、中国兵器装备集团、中国航天科技集团、中国航天机电集团、中国航空工业第一集团、中国航空工业第二集团。领导班子由中央组织部管理,行业管理由新的国防科工委负责,资产与财务、企业改革、劳动工资、外事外贸等工作由国土资源部、财政部、经济体制改革委员会、劳动和社会保障部、对外贸易经济合作部等相关部门管理,各集团公司由此转变为具有独立法人资格的市场竞争实体。

进入21世纪,为尽快提高国防科研生产能力,按照建设"小核心、大协作、寓军于民"军品科研生产体系的目标,对国防科技工业能力结构进行一系列调整。2001年9月,为适应我国航天事业飞速发展需要,中国航天机电集团公司更名为中国航天科工集团公司。

2002年3月,为增强我国军工电子企业在国际电子领域的竞争力，信息产业部直属的46家电子科研院所及26家全资或控股高科技企业合并，成立中国电子科技集团公司。

党的十七大作出了调整改革国防科技工业管理体制的战略决策，2008年3月，撤销了国防科工委和信息产业部，成立工业和信息化部，负责对整个国家工业的整体规划和统筹协调。在工业和信息化部建制下设立国家国防科技工业局，主要负责组织协调武器装备科研生产重大事项、保障军工核心能力建设等。原信息产业部管理军工电子的职能划归国防科工局，原国防科工委的核电管理职能划入国家发展改革委新成立的国家能源局。

2008年11月，为克服各航空集团业务重叠和重复建设问题，提升航空工业整体竞争能力，以中国航空工业第一集团公司和中国航空工业第二集团公司为基础，成立中国航空工业集团公司。

三、调整完善军队武器装备建设管理体制

军队装备建设领导管理体制，是国防科技和武器装备管理体制的一个重要组成部分。科学合理的军队装备建设领导管理体制，是加快提高国防科技和武器装备建设步伐，提高武器装备建设效益的重要保证。新中国成立以来，在建立和完善国防科技工业管理体制，加强对国防科技事业的集中统一领导的同时，也十分注重调整和完善军队武器装备建设管理体制，以适应国防科技和武器装备建设的实际需要。

（一）建立独立的军队装备建设管理机构

新中国成立之初，军队武器装备建设管理由总后方勤务部负责，其所属军械部负责军械装备保障工作。

1951年9月，为加强对全军武器装备的管理，在总参谋部

作战部军务局设立了装备科，1952 年调整为总参军务部装备处，1953 年 5 月调整为总参兵器装备计划部，1955 年 8 月调整为总参装备计划部，统管全军武器装备建设规划、订货、管理、动员、进口和军援工作，从而初步实现了对全军武器装备的统一管理。

与此同时，总后方勤务部军械部转隶为军委炮兵建制，改称军委军械部。1954 年 11 月，又以此为基础成立解放军总军械部，主要负责领导全军武器装备的供应、管理和维修工作。

1957 年 3 月，军械部并入总参谋部，成为总参军械部。

1959 年 3 月，中央军委对总参军械部进行调整，装备规划工作并入总参装备计划部，其余职能和机构转隶总后勤部，成立总后军械部。

从新中国成立至 20 世纪 50 年代末，随着军队武器装备管理部门的建立，极大地促进了我军武器装备的正规化建设。

（二）调整军队装备管理体制

进入 20 世纪 60 年代以后，为了适应我军武器装备建设的新形势，我军对军队装备管理体制进行了调整。主要是对总参谋部主管的装备规划与调配、总后勤部主管的装备技术保障的管理体制进行了调整。

1964 年初，总参谋部和总后勤部的部分装备管理权力下放到军区、军兵种一级的司令部和后勤部，使得各军区、军兵种有了相应的装备分配、调整、动用的自主权，初步形成了总部——军区（军兵种）——部队三级装备管理体制。

1969 年 6 月，为加强对军队物资的集中统管，又将总参装备计划部划归总后勤部，与总后军械部及运输部的汽车、陆军船舶的管理机构合并，成立总后装备部，统管全军武器装备工作。

1970 年 5 月，常规武器的科研单位由国防科委分别划归总参谋部、总后勤部和海军、空军建制，总部和军兵种开始履行装备科研管理职能。

1975年3月，根据邓小平同志军队要整顿的指示要求，对总部机构进行大幅调整，总后装备部所属的装备计划工作划归总参谋部，成立总参装备部，总后勤部恢复军械部、车船部。各军区、军兵种司令部的装备部门相继恢复。

1975年6月，常规装备发展领导小组成立，对常规装备科研工作实施统一领导，总参谋部负责相关装备的发展方向、装备体制和装备定型等工作。

（三）加强军队装备工作的集中统管

进入20世纪80年代以后，为适应军队建设指导思想的战略性转变，加强军队装备工作的集中统管，改变装备管理"条块分割""多头分散""工作脱节"的状况，提高装备经费管理和使用效益，对军队装备管理体制又进行了一系列调整。

1985年3月，进行了装备购置费管理改革，由过去的总后勤部负责、总后财务部承办，改为总参谋部负责、总参装备部承办，我军装备建设开始走上"管事与管钱相结合"的发展道路。

1992年9月，将全军武器装备维修保障计划及其经费管理工作，由总后勤部划归总参谋部负责，相关业务工作由总参装备部承办；军区、军兵种的装备维修保障计划及其经费管理工作也作了相应调整；总参炮兵部、装甲兵部、工程兵部、防化部、陆航局和总后军械部、车船部相关机构合并组建总参兵种部，负责陆军及通用装备相关工作；总后勤部成立军械供应部，主要负责后方军械仓库供应管理工作。

1993年12月，为适应武器装备发展的现实要求，进一步局部调整了全军武器装备管理体制，明确了相应的分工：一是全军武器装备建设在中央军委领导下，由总参谋部抓总，统一规划计划和组织协调。二是将总参兵种部负责的全军通用车辆和陆军船艇装备的科研论证、试验定型、订购验收及其军事代表管理工作划归总后军交运输部；将总后军械供应部并入总参兵种部，军械仓库的业务工作一并划归总参兵种部，军械仓库的建设、管理等工作由总后司令部归口负责。三是将军区后勤部军械供应部与司令部兵种部负责装备工作的机构合并整编为军区司令部技术部，统一负责通用军械、装甲、工程、防化装备的技术保障工作；军械仓库的建设、管理等工作由军区后勤司令部归口负责。四是集团军以下部队成立装备技术部（处），统一负责军械、装甲、工程、防化、车辆等装备的技术保障工作。

（四）实现对军队武器装备建设的集中统一领导与管理

20世纪90年代后期以来，国际国内形势和我国战略环境发生了深刻变化。我国经济体制改革继续深化，政府机构改革步伐不断加快。与此相适应，以建设信息化军队、打赢信息化战争为目标，以推进军民融合、提高自主创新能力为重点，按照社会主义市场经济要求，国防科技工业和武器装备建设管理体制进行了一系列调整改革，进一步强化对军队武器装备建设的集中统一领导与管理。

1998年4月，为进一步强化全军装备建设的集中统一领导，党中央果断决策，以原国防科工委为基础，将总参装备部以及总参谋部、总后勤部的有关单位合并，成立中央军委领导下主管全军武器装备建设工作的领导机关——总装备部，主要负责制定武器装备的政策法规、发展规划和科研采购计划，组织领导全军装备的科研、保障及勤务工作，等等。

2010年底，为解决体制性障碍和结构性矛盾，中央军委又提出了深化领导管理体制调整改革，推进联合作战指挥、联合训练、联合保障体制改革，优化力量结构和部队编成，推进院校和训练机构调整改革，深化军事人力资源政策制度调整改革，深化后勤政策制度和军队保障社会化改革6项改革任务。

2016年1月，根据军队改革调整部署，以作为四总部之一的总装备部为主体，新的军委装备发展部成立，成为中央军委15个职能部门之一。新的军委装备发展主要履行全军装备发展规划计划、研发试验鉴定、采购管理、信息系统建设等职能。新的军委装备发展部的成立，标志着我军由军委装备部门集中统管、军种具体建管、战区联合运用的装备管理新的体制架构已经形成。

根据军委确定的军队改革计划，到2020年基本完成国防和军队改革目标任务，基本实现机械化，信息化建设取得重大进展，战略力量和非对称制衡力量建设取得重大进展，构建能够打赢信息化战争、有效履行使命任务的中国特色现代军事力量体系要求，使中国特色社会主义军事制度更加成熟、更加定型，为实现强军目标、建设世界一流军队打下更为扎实的前进基础。届时，我军的武器装备领导管理体制将进一步完善。

四、形成完整顺畅的领导管理体系

国防科技和武器装备领导管理是一个由多个层次、多种机构组成的综合系统。经过新中国成立以来60多年的不懈努力，特别是改革开放30多年来的调整改革，我国国防科技和武器装备管理体制日益完善，逐步形成了一个完整顺畅的领导管理体系，为国防科技创新和武器装备发展提供了重要的制度保证。

在我国构建的国防科技和武器装备领导管理体系中，主要由领导管理层、设计研制层、生产制造层、试验测控层和使用保障层这五个层次构成。这种结构完善、机制顺畅的领导管理体系的建立，在我国国防科技工业体系的形成与完善、武器装备建设中发挥了极为重要的作用。

（一）权威的领导管理层

权威的领导管理层，是我国国防科技和武器装备领导管理体系的顶层和主导，主要负责国防科技创新和武器装备建设的组织领导与协调工作，在国防科技创新和武器装备发展中发挥中至关重要的主导作用。以"两弹一星"为例，负责"两弹一星"的组织协调工作的领导管理层，包括以下一些主要机构：

1. 中央专门委员会。

中央专门委员会最早是专门针对原子弹研制而成立的领导机构，后来发展成为领导国防工业尖端工程的最高决策机构。其领导管理机制我们将在后面专门进行分析。

2. 国防科委。

1956年4月，中央成立航空工业委员会，负责导弹与航空事业的发展。1958年5月，中央军委设立国防部第五部，负责领导全军特种武器装备的科研工作。同年10月，航空工业委员会改组为国防科学技术委员会，1959年4月将国防部第五部合并到国防科委。国防科委的成立，标志着在党中央、国务院、中央军委的领导下，有了统一管理国防科技发展工作的机构，加强了对国防科技工作的集中统一领导，有利于国防科技重大决策和一系列方针政策的贯彻执行，从而加速了国防科技事业的发展。除了参与对"两弹"的领导工作外，国防科委还专门负责人造卫星的领导管理工作。

3. 国防工办。

是直接管理二机部、三机部的领导机构，其任务主要是全面规划、组织实施并监督检查国防常规与尖端武器的生产、建设、科研，于1961年成立，1982年它与国防科委、军委科技装备委员会办公室共同组建了国防科工委。

4. 第三机械工业部。

三机部在1956年成立之初，就明确主管核工业建设和核武器的研制工作，1958年改为二机部、1988年改组为核工业部后，其任务职能都没有发生大的变化，一直是核武器研制的主要领导机构。

5. 第七机械工业部。

1956年，根据聂荣臻的建议，中央军委在国防部设立五院，五院既是一个领导协调机构，又是一个负责导弹研制的科研机构。1965年以五院为基础成立了七机部，主管导弹和火箭的发展工作。1982年4月，七机部改组为航天工业部。

6. 中国科学院。

1949年11月，在接收旧中国的中央研究院和北平研究院的基础上成立。中国科学院既参与了"两弹一星"的部分设计研制任务，又重点负责了第一颗人造卫星的领导管理与技术抓总工作。

（二）坚实的设计研制层

主要负责国防科技创新和武器装备发展中的理论研究、原理探索、预先研究、设计研制等的科研单位和机构。在国防科技和武器装备发展过程中，设计研制层是整体国防科技和武器装备工作体系的核心部分，其工作效率的好坏，技术水平的高低，直接决定着国防科技创新和武器装备发展的质量和水平。以"两弹一星"为例，当时负责"两弹一星"的理论研究、设计研制等工作的，主要包括以下一些单位和机构：

1. 核武器研究所。

1958年1月成立三机部九局（1958年2月后改称二机部九局），李觉任局长。九局于1958年7月建立核武器研究所（简称九所）。九所主要设立理论、实验、设计和生产4个部门（共13个研究室），1960年10月，又将4部13个研究室改为理论物理、爆轰物理、中子物理、放射化学、金属物理、自动控制和弹体弹道6个研究室，后又重新恢复4部的编制。1964年，九所改名为九院，迁往青海。1969年，九院负责核武器研究、设计的部门迁往四川绵阳的三线基地，组成核武器研究设计院，而西北核武器试验基地只负责核武器的生产。

2. 中科院原子能研究所。

其前身为1950年成立、从事核科学研究的中科院近代物理研究所。1958年,该所更名为中科院原子能研究所,并将整个建制交给二机部,但对外仍称中科院原子能所,名义上由科学院和二机部双重领导。在苏联的帮助下,该所相继建造了重水反应堆和回旋加速器,在核科学基础研究和应用基础研究等方面做了大量卓有成效的工作,并发展成为我国第一个比较完整、综合性的核科学技术研究基地。

3. 国防部第五研究院。

1956年10月8日,根据钱学森的设想和聂荣臻元帅提出的《建立我国导弹研究工作的初步意见》,党中央组建了国防部第五研究院。该院专职战略导弹的研制与领导工作,第一任院长为钱学森。五院在接受苏联样品和资料后,仅用了两年多的时间就完成了P-2导弹的仿制飞行试验,并于1964年研制成功我国第一个自行设计的战略导弹——东风2号。同年,五院将按专业分配权体制改为按型号分院,成立战略导弹与运载火箭研究院,并相继研制成功东风3号、4号和5号导弹,初步建立了我国第一代战略导弹体系。

4. 中科院卫星设计院。

中科院是第一颗人造卫星的主要研制单位,早在1958年就成立了"581"组,开始卫星预先研究,后又成立三个研究院,分别负责卫星总体设计和火箭研制、控制系统、探空仪器与空间环境研究等工作。1966年1月,中科院正式建立卫星设计院,代号"651"设计院,对外称科学仪器设计院,赵九章任院长。卫星设计院在第一颗人造卫星的研制中发挥了主要作用。

5. 中国空间技术研究院。

1967年,根据中国空间技术发展的需要,聂荣臻提出组建中国空间技术研究。1968年2月,国防科委把中科院卫星设计院、自动化研究所、力学研究所分部,以及七机部第八设计院等其他单位从事空间技术研究的力量为基础，并从七机部抽调部分技术骨干组建空间技术研究院，钱学森任院长，由国防科委领导，主要负责航天器的研究、设计、生产和试验，以及运载火箭、发射场和地面测控系统之间的技术协调。1973年7月，空间技术研究院正式划归七机部，从此七机部形成了比较完整配套的航天科研生产体系。

（三）庞大的生产制造层

主要负责国防科技创新成果——武器装备的生产，包括原材料、元器件、军用生产设备的制造与供应，武器装备部件、系统的生产等单位和机构。在国防科技创新和武器装备发展过程中，生产制造层十分庞大，几乎涉及到国防科技工业和大部分其他工业部门，在国防科技和武器装备发展体系中占据着十分重要关键地位。在国防科技创新和武器装备发展中，国防科技创新能否最终实现，武器装备发展能否最终完成，都取决于庞大的生产制造层。以"两弹一星"为例，当时负责"两弹一星"原材料的勘探、生产与设备供应等这一层面工作的单位和机构种类众多，数量十分庞大。大致可以分为以下几类机构：

1. 核原料勘探类。

1955年4月，地质部三局成立，这是负责铀矿地质工作的专门管理机构。后经过4年多的发展，基本形成了负责中南（309队）、西北（519队）、华北（182队）、西南（209队），东北（406队）和华东地区（608队）的铀矿队伍布局。1971年9月，铀矿地质队伍体制发生重大变化，部分铀矿队伍实行"工改兵"，1983年又全部转回核工业部建制，分别在上述六个地区设立地质勘探局，下辖51个地质队。

2. 核原料开采冶炼类。

1958年，冶金工业部成立第三司，作为铀矿冶工业的专门管理机构，经过四五年的努力，先后建成了衡阳铀水冶厂、上饶铀矿及水冶厂、郴县铀矿厂，解决了原子能工业原料的有无问题。到1967年，在全国形成了以湖南、江西、广东的铀矿冶企业为骨干，大中小相结合的铀矿冶工业布局。

3. 核原料浓缩类。

主要指兰州铀浓缩厂。该厂始建于20世纪50年代后期，1964年全面建成投产，70年代初又进一步扩大了浓缩铀的生产能力。

4. 制造加工类。

负责"两弹一星"的设备、设施、元部件的生产、制造和加工。由于数量太多，不再列举。

（四）精干的试验测控层

主要负责武器装备预研、研制、生产阶段的试验、检验、测控等的单位和机构。在国防科技创新和武器装备发展过程中，试验测控层扮演着十分重要的角色。没有相应的试验、检测和测控单位和机构，就无法对国防科技和武器装备发展中所形成的预研成果、研制成果和生产产品进行试验、检验和评估，也就无法准确把握国防科技创新和武器装备发展的质量和进程，国防科技创新和武器装备发展就难以实现。以"两弹一星"为例，其试验测控层主要负责"两弹一星"的靶场试验、卫星测控等工作，它是"两弹一星"所研制、生产的"产品"最后检验性机构，主要包括以下一些单位和机构：

1. 核武器试验基地。

位于青海省海晏县金银滩，于1958年开始设计施工，1964年核武器研究所各机构先后迁往该基地，使我国第一支核武器研制力量基本集中于此。该基地相继完成了多项研制试验任务，在核武器发展过程中发挥了不可估量的巨大作用。

2. 导弹试验靶场。

位于巴丹吉林大沙漠的西沿，1959年组建基地机关和部队，

1960年11月5日成功发射了我国第一枚仿制的地地导弹，之后相继完成了"两弹"结合、第一颗人造卫星等任务，在"两弹一星"发展史上写下了光辉的一页。

3. 卫星发射场。

共有三大卫星发射场：一是酒泉卫星发射中心，始建于1965年，完成了我国第一枚导弹和火箭、第一枚导弹核武器、第一颗人造地球卫星、第一颗返回式卫星、第一枚洲际导弹、第一次"一箭三星"、第一艘载人飞船等发射任务。二是西昌卫星发射中心。始建于1970年，主要是为了满足运载火箭与人造卫星发射设施的配套，受"文化大革命"的影响，进展缓慢，1983年全部建成。三是太原卫星发射中心。组建于1967年，当时是导弹试验发射场，后主要执行运载火箭的发射任务。

4. 卫星测控网。

1966年，中科院成立专门负责卫星测控系统研究部门，后将其建设任务移交给国防科委，并于1967年6月在西北导弹试验基地组建卫星测量部。为了保证第一颗人造卫星的测控任务，卫星测量部开始实施卫星测控系统一期工程，并于1968年相继建成渭南卫星测控中心和酒泉、湘西、南宁、昆明、海南、胶东、喀什7个测量站，初步建成我国低轨道卫星观测网。后几经调整、完善，逐步形成了弹、星合用，陆地与海上、固定与机动相结合的统一测控网。

（五）广大的使用保障层

主要负责武器装备使用、管理和保障的各级部队与保障机构。在国防科技创新和武器装备发展过程中，武器装备最终配发到部队，为广大部队所运用，并形成相应的战斗力，是国防科技创新和武器装备发展的最终落脚点。而要使部队使用的武器装备始终保持良好的技术与战术状态，就必须对其进入全方位的技术保障，即所谓的维修和保养。因此，使用保障层在国防科技创新和武器装备发展中也占据着十分重要的地位，是国防科技和武器装备管理体系中不可分割的重要组成部分。同样以"两弹一星"为例，一般来说，使用保障层主要包括如下单位和机构：

1. 战略核导弹部队。

战略核导弹部队是核武器（核弹和导弹）的使用者，也是"两弹"形成和保持核威慑能力的关键，更是"两弹一星"工程实施的根本目的之所在。

2. 卫星使用单位或机构。

卫星使用单位或机构，也是"两弹一星"中的卫星发挥其应有效益的关键，也是"两弹一星"工程实施的根本目的之所在。

3. 核武器装备维护修理机构。

核武器装备维护修理机构，是形成和保持战略核武器技术战术性能，实现其战略威慑能力的技术保证。

4. 战略核导弹部队装备保障部分队。

战略核导弹部队装备保障部分队是实施核武器装备保障的重要力量，是形成保持战略核武器技术战术性能，实现其战略威慑能力的重要保证。

图 6-1 所示的领导管理组织机构，基本上是按照"两弹一星"工程实施的流程，即按：决策领导→设计研究→生产制造→试验发射→使用保障的过程来划分。实际运作进时，部分机构在职能上覆盖的范围更广一些，即一个机构或单位可能包括领导、研制、生产、试验于一体。总体上，领导管理层处于组织机构的最高端，管方向、管政策，起着统领、协调作用；设计研制层从技术角度讲，是最重要的一个层级，无论是最初的理论设计，还是后期的具体研制，在尖端工程中都发挥着不可替代的作用；生产制造层的数量巨大，直接生产大批量的一线产品，搞好质量控制尤为重要；试验测控层是整个机构运行的最后环节，也是直接检验"产品"成功与否的关键机构。使用保障层是整个工程落

脚点，是实施"两弹一星"的根本目的之所在。这五个层面机构的密切配合，使"两弹一星"工程成为一个有效闭合、有机联结的整体。

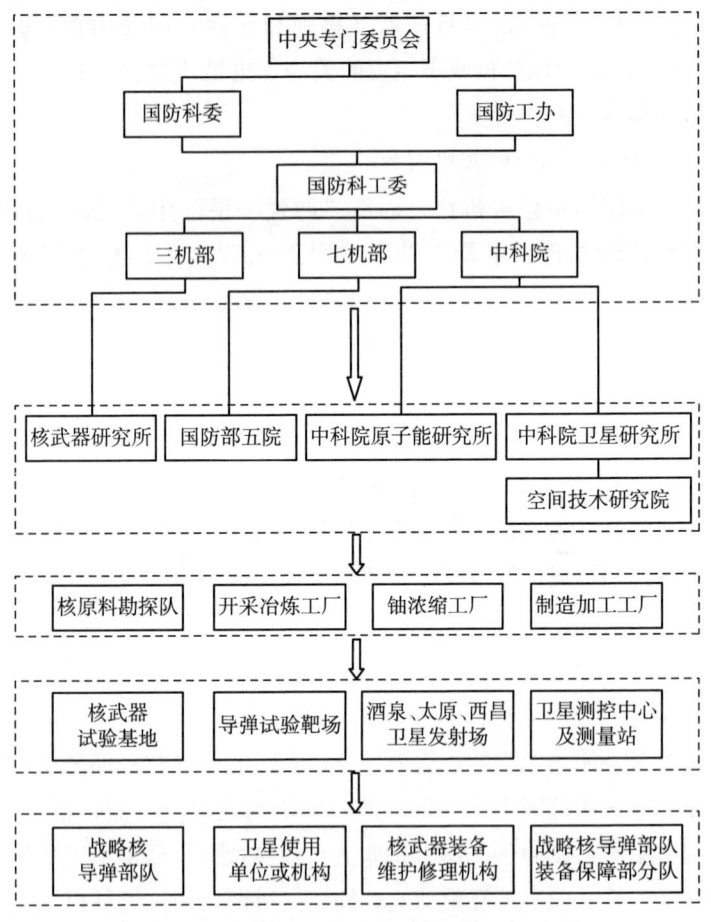

图 6-1　"两弹一星"工程领导管理组织机构

资料来源：刘戟锋、刘艳琼、谢海燕著：《两弹一星工程与大科学》，山东教育出版社 2004 年版，第 86～98 页。

从五个层面各个主要机构和单位的发展历程中可以看出，

"两弹一星"组织机构的建立完善与我国防科技工业体系和武器装备体系的建立完善是相辅相成的。大多数情况下,是"两弹一星"的建设带动了国防科技工业体系的扩展,使其更加完善。正是有了"两弹一星",才有了核工业、航天工业,才有了三机部、七机部、空间技术研究院等国防科技工业的支柱性管理与研究机构。而国防科技工业的发展反过来又加快了"两弹一星"的研制步伐,从体制机制、组织机构等方面保证了"两弹一星"取得重大突破。应当说,"两弹一星"与国防科技工业见证了彼此的进步与发展。由此看出,尖端科技工程在国防工业乃至国家的经济发展中起到的作用是十分巨大的,那种认为花费庞大的尖端工程是国家经济发展阻碍的看法是片面的。20 世纪 80 年代,美国推出"星球大战"计划,尽管未能完全实施,但开展了相关的技术研究与工程准备,为今天的导弹防御系统建设进行了技术储备,并直接带动了一大批国防工业和民用企业的发展,对美国整个国防工业甚至经济建设起到了巨大的拉动作用。

纵观新中国成立 60 多年来我国国防科技工业和武器装备建设管理体制的发展演变历程,可以清楚地看到,这个过程与国家领导管理体制调整、经济社会科技进步、国家安全形势发展、军队使命任务变化等紧密相关,从中可以得出一些启示。

第一,必须坚持高度集中统一领导和管理。国防科技工业和武器装备建设,涉及国家政治、经济、科技、军事、工业等诸多领域,需要党、政府和军队系统诸多部门和社会组织广泛协作,只有坚持高度集中统一领导和管理,才能充分发挥社会主义制度集中力量办大事的政治优势,优化配置各种资源和要素,形成推进国防科技工业和武器装备建设的强大合力。

第二,必须服从和服务于国家的总体战略。国家总体战略作为国家谋安全、求发展的总方略,是统领国家各项建设事业的"龙头"。国防科技工业和武器装备建设管理体制,只有服从和服务于国家总体战略,才能适应国家安全形势和军事需求的发展变化，促进国防科技和武器装备发展，维护国家安全和发展利益。

第三，必须努力适应国家生产力发展水平。无论是国防科技工业的体系门类结构，还是军工生产、装备建设的组织和管理方式，都依赖于一定的经济科技条件，受制于生产力发展水平。国防科技工业和武器装备建设管理体制，只有适应国家经济科技发展水平，因时而动，顺势而变，才能为国防科技和武器装备的发展提供强有力的制度保障。

第四，必须坚持军民结合、寓军于民方针。国防科技工业和武器装备建设，只有植根于国家经济和科技体系之中，才能具有雄厚的基础和强大的生机和活力。与之相适应，国防科技工业和武器装备建设管理体制的调整改革，只有充分体现这一原则，才能从根本上促进国防建设与经济建设相互促进、协调发展。

第五，必须既借鉴国外经验又保持自身特色。任何一个国家的国防科技工业和武器装备建设管理体制都渗透着本国和本民族的历史烙印和文化特色，都拥有不同于其他国家和民族的独特之处。只有不断借鉴他国优长，才能保持体制的先进性；只有符合本国国情军情，才能具有长久的生命力。

参考文献

1. 回顾与展望组委会：《新中国的国防科技工业》，国防科技工业出版社1989年版。

2. 刘艳琼、谢海燕：《两弹一星工程与大科学》，山东教育出版社2004年版。

3. 路甬祥主编：《中国可持续发展总纲》（国家卷），科学出版社2007年版。

4. 美国兰德公司报告：《中国国防工业新走向》，中国国防科技信息中心，2006年。

5. ［美］约翰·W. 刘易斯著，薛理泰译：《中国原子弹的制造》，原子能出版社1990年版。

6. 沈志华：《中国国防科技工业寓军于民研究》，中国经济出版社2008年版。

7. 孙运广：《中国国防科技工业的改革和发展问题》，航空工业出版社2003年版。

8. 伍献军：《强国不是梦》，中共中央党校出版社1997年版。

9. 杨俊诚等：《中国国防科技报告》，中国国防科技信息中心，1990年。

10. 袁军堂、张相炎：《武器装备概论》，国防工业出版社2011年版。

11. 中共中央文献研究室：《建设有中国特色的社会主义》（增订本），人民出版社1984年版。

12. 中国科学院可持续发展战略研究组：《中国现代化进程

战略构想》，科学出版社 2002 年版。

13. 中国人民解放军历史资料丛书编审委员会：《国外和港台地区对中国国防科技工业的反映》，解放军出版社 1993 年版。

14. 中国现代化战略研究课题组：中国科学院中国现代化研究中心：《中国现代化报告》（2006），北京大学出版社 2006 年版。

15. 中华人民共和国国务院新闻办公室：《2010 年中国的国防》，人民出版社 2011 年版。

16. 周碧松：《大力发展高技术武器装备》，长征出版社 2013 年版。

17. 周碧松：《军事装备史》，国防大学出版社 2015 年版。

18. 周碧松：《中国特色武器装备建设道路研究》，国防大学出版社 2012 年版。